国际贸易综合实训

黄　涛　沙鹏飞　主　编
陈春慧　副主编

对外经济贸易大学出版社
中国·北京

图书在版编目（CIP）数据

国际贸易综合实训／黄涛，沙鹏飞主编．—北京：对外经济贸易大学出版社，2014

ISBN 978-7-5663-1130-6

Ⅰ.①国… Ⅱ.①黄… ②沙… Ⅲ.①国际贸易-贸易实务-高等职业教育-教材 Ⅳ.①F740.4

中国版本图书馆 CIP 数据核字（2014）第 185466 号

国际贸易综合实训

黄 涛 沙鹏飞 **主编**

责任编辑：王红梅 闫 静

对外经济贸易大学出版社

北京市朝阳区惠新东街 10 号　　邮政编码：100029

邮购电话：010-64492338　　发行部电话：010-64492342

网址：http://www.uibep.com　　E-mail：uibep@126.com

北京市山华苑印刷有限责任公司印装　　新华书店北京发行所发行

成品尺寸：185mm×260mm　　10.5 印张　　242 千字

2014 年 9 月北京第 1 版　　2014 年 9 月第 1 次印刷

ISBN 978-7-5663-1130-6

印数：0 001-4 000 册　　定价：34.00 元

前　　言

本书立足于国际贸易专业人才培养的规律和特点，并结合当前市场对国际贸易专业人才的社会需求，践行以实践教学为核心的新型人才培养模式。书中具体软件由上海硕研信息科技发展有限公司研发。

本书共分为三个实训：实训一，国际贸易综合实训；实训二，国际结算专项实训，具体结合软件系统分为快速入门篇、教师指导篇和学生实际应用篇；实训三，国际货运代理专项实训。

本书中软件与平台的实践效果如下：

（1）对国际贸易课程实训具有较强的针对性，又具有高度的资源共享性，能够为各专业学生提供国际贸易综合实训技能训练，切实解决教学中存在的学生实践动手能力严重不足的问题。

（2）从三个方面对学生进行全方位的国际贸易综合实训，加深学生的认知度。

（3）系统全面锻炼学生的思考能力、分析能力、判断能力、动手能力，并让学生真实体验和运营国际贸易实训环节。

目　录

实训一

国际贸易综合实训

1 系统概要

国际贸易也称“世界贸易”，泛指国际间的商品和劳务（或货物、知识和服务）的交换。它由各国（各区）的对外贸易构成，是世界各国对外贸易的总和。国际贸易在奴隶社会和封建社会就已发生，并随生产的发展而逐渐扩大。到资本主义社会，其规模空前扩大，具有世界性。我国加入 WTO 后，开始全面实施“科教兴贸”战略，而实施“科教兴贸”的关键是人，也就是说，谁拥有高素质、高技能的人，谁就能抢占市场经济的滩头，控制制高点，从而在激烈的市场竞争中抢占先机，因而人才培养成为了关键。

《国际贸易综合实习平台系统》是由上海硕研信息科技发展有限公司根据实际进出口贸易流程，并依据教学要求开发而成的教学模拟系统。该系统把角色划分为用户、辅助角色、教师和管理员四种。实训平台的角色由用户和辅助角色组成，角色扮演由学生担当。管理平台由教师和管理员组成，一般由教师或者机房管理人员担当。

系统的设计思想是：教师通过管理平台把几个学生分成一组，每组中有多个用户和一个辅助角色。每个用户代表一家从事国际贸易的公司。一个组中的不同公司可相互进行进出口贸易。贸易过程中涉及的银行、工厂、货代中心、保险公司、出入境检验检疫局、海关、外汇管理局和船运公司等均由一个辅助角色担任。通过学生之间的互动完成进出口贸易的模拟训练。

一个典型的操作涉及十多种业务表单，出口流程 12 个步骤，进口流程 7 个步骤。

2 管理员操作

管理员在系统中的主要任务是管理各个班级的教师，包括对教师的添加和删除；同时对系统的数据库可进行备份或还原的操作，以便于整个系统的管理。

从首页登录，初始用户名为 admin，密码为 admin，进入管理员操作页面。

2.1 个人信息

管理员在此修改自己的资料，维护系统数据的安全性。见图［1-1］。

［图 1-1］

2.2 用户管理

管理员在此管理用户指的是添加、查看和修改教师的账户。见图［1-2］。

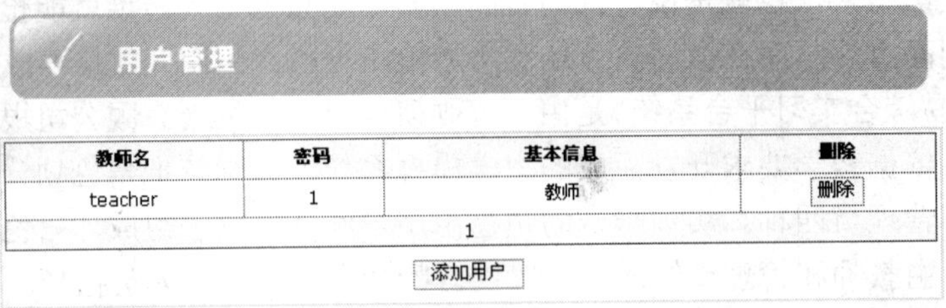

教师名	密码	基本信息	删除
teacher	1	教师	删除
		1	

图［1-2］

2.3 管理数据库

包括备份和还原数据库，保护数据的安全性。见图［1-3］。

备份时间	备份路径	还原到此刻
2006-2-23 11:23:15	C:\Program Files\Keyu\KeyuITSS\bin\KeyuGMXT	还原

图［1-3］

3 教师操作

教师可以自己创建多个班级，这样方便教师以班级的形式对学生进行管理，并把缺省的公司分配给学生，教师也可以自己创建公司和添加产品。教师平台的作用在于管理方便、信息完备。

从首页登录，初始用户名为 teacher，密码为 1（这是在管理员端建立好的一位教师用户，用户也可以在管理员端对教师做添加和删除操作），进入教师端的操作页面。

3.1　个人信息

3.1.1　修改资料

教师可以在这里修改自己的资料。见图［1-4］。

图［1-4］

3.1.2　收发邮件

教师可以将邮件发送给自己管理的所有班级里的学生。见图［1-5］。

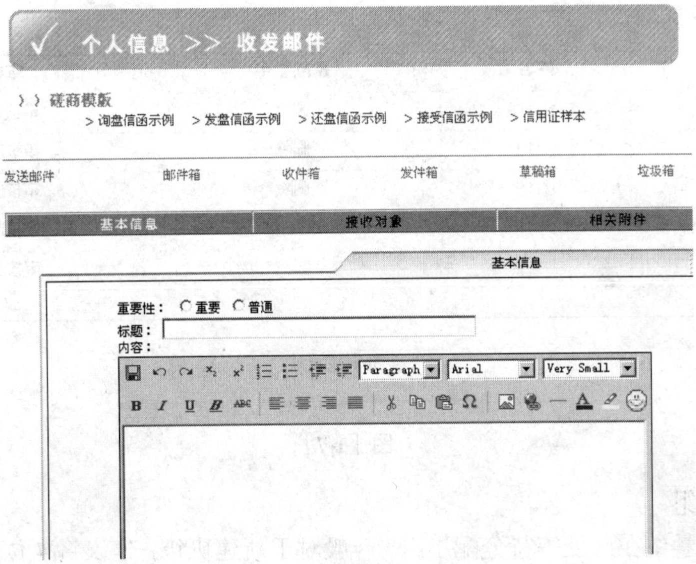

图［1-5］

3.2 学生管理

3.2.1 添加学生

学生可以通过注册，经过老师审核后进行登录。也可以由教师进行批量添加及审核后让学生进行登录。见图［1-6］。

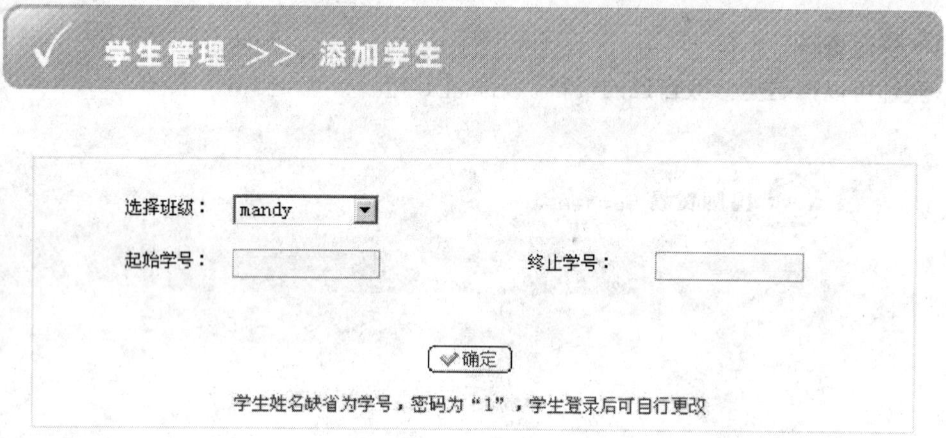

图［1-6］

3.2.2 审核学生

对注册的学生或批量添加的学生进行审核，如果合格则点击“审核通过”，不合格则可以将该学生删除。也可以通过全部学生的审核，点击“全部审核通过”即可。见图［1-7］。

图［1-7］

3.2.3 分配小组

审核过的学生在此处等待分配小组。一般对于新建班级，建议将4位同学分成一组，如果此时人数超过4人，系统会自动将其分到第二组、第三组……以此类推。见图［1-8］。

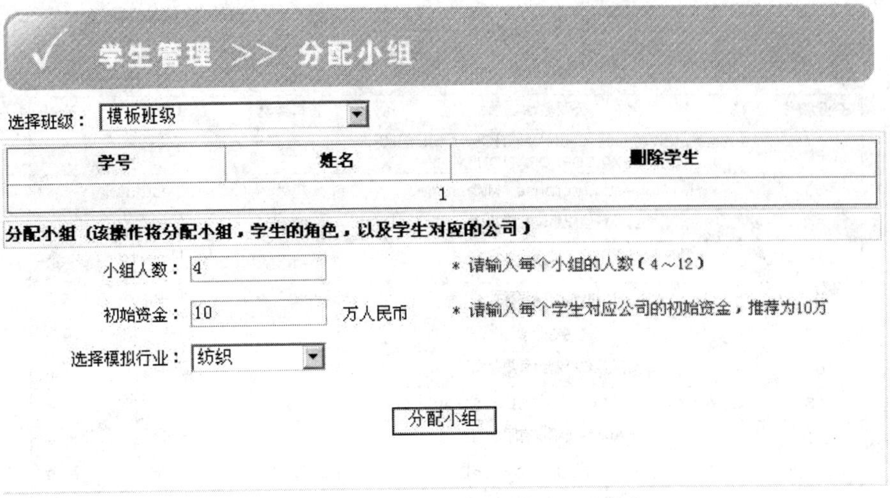

图［1-8］

3.2.4　管理班级

管理班级是教师平台的主要功能。教师可以对整个班级自动分组，只需要设定每组几个人，程序会对整个班级随机分组。分组的结果让每个学生能够有一个登录角色：用户（即贸易公司）或者辅助角色。一般每个组内两个辅助角色，分别为出口辅助角色和进口辅助角色，其余的都是贸易公司。一个组内的学生可以自行贸易，不同组学生则不能发生贸易关系。

教师也可以根据具体情况对其中个别学生单独分组。见图［1-9］。

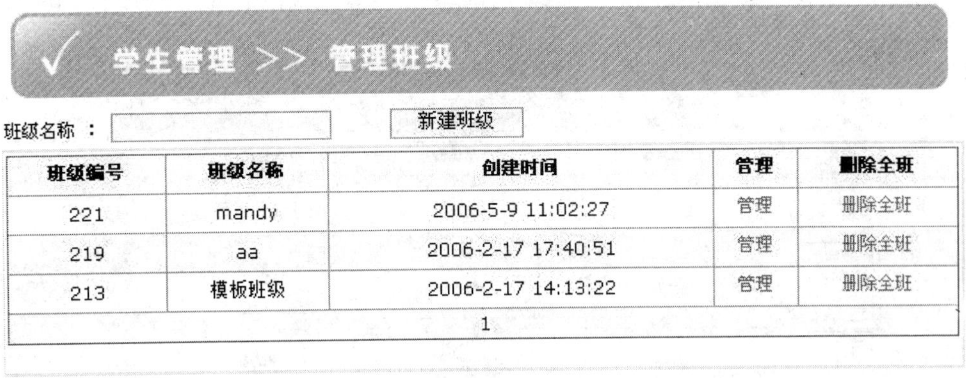

图［1-9］

同时教师也可以在此添加新的班级，并且进行管理；也可以将已有班级删除，如果删除班级，班级中的学生会随之被删除，这一点请注意。

3.2.5　管理公司

教师可以在这里查看公司的具体资料。系统本身会初始设置大量公司的资料数据，减轻教师的工作量。一般出口公司名称是用中文标注的，进口公司名称则是用英语写的。这有利于分配小组中出口公司和进口公司的对应。见图［1-10］。

学生管理 >> 管理公司

企业编号	公司名称	公司类型	联系人	查看
58	中国丝绸进出口总公司 CHINA NATIONAL SILK IMP.& EXP.CORPORATION	纺织	李明	查看
59	H.H.Muneeb Enterprises Muhammad	纺织	Mr.Ellestone	查看
60	金莱特丝织服饰有限公司	纺织	史修平	查看
61	Imex International Srl.	纺织	Mr. Marcello Passagrilli	查看
62	广州进发布料商行	纺织	李一中	查看
63	S S Silks	纺织	Mr.Syed Sadiq	查看
64	海安县仁桥制丝有限公司	纺织	汤汉稳	查看
65	KANIKA OVERSEAS ASSOCIATES RAVI VAIN	纺织	MR. EPSTON	查看
66	上海华钟纺绢织有限公司	纺织	卓晓敏	查看
67	Fabotton Trading Kumar Edir	纺织	Mr.Wong	查看
68	福建省泉州市宏迪有限公司	玩具	张闽泉	查看
70	Titan Toys International Ltd	玩具	Terry Aarons	查看

1 2

图［1-10］

3.3 教师管理

3.3.1 产品管理

教师在这里可以查看和添加产品资料，所有的产品遵循海关商品分类规格填写。图［1-11］为产品管理及查看页面。

教师管理 >> 产品管理

图片	产品名称	产品类型	市场价格	查看
	白厂丝	纺织	163.00元/千克	查看
	蚕丝被	纺织	320.00元/条	查看
	纯麻布	纺织	10.3元/米	查看
	纯麻纱（短纤纺）	纺织	18.5元/千克	查看
	纯棉布	纺织	17.00元/千克	查看
	涤纶	纺织	13.7元/千克	查看

1 2 3 4 5 6 7

图［1-11］

3.3.2 外汇牌价

“外汇牌价”实时地从中国银行网站上获取当天的外汇牌价信息，学生端也有此模块，与教师端此处相同。见图［1-12］。

教师管理 >> 外汇牌价

外汇牌价（ 单位：人民币/100外币 ）　注意：0表示该项数据不详

日期：2006年5月19日

货币名称	现汇买入价	现钞买入价	卖出价	基准价
英镑	1597.16	1559.57	1601.96	0
港币	106.29	105.65	106.61	106.41
美元	826.41	821.44	828.89	827.65
瑞士法郎	712.91	696.83	716.48	0
新加坡元	501.46	489.66	502.97	0
瑞典克朗	121.88	119.02	122.25	0
丹麦克朗	147.35	143.88	147.79	0
挪威克朗	133.6	130.45	134	0
日元	7.8871	7.8278	7.9266	7.9288
加拿大元	669.75	653.99	671.77	0

1 2

* 系统检测到服务器没有连接广域网，该数据将从数据库中取得

获取今日外汇牌价

图［1-12］

3.3.3 教师评分

教师在这里对学生的操作进行打分。教师选择相应的学生学号，可以查询该学生所有流程的操作，点击相应的流程，显示学生操作结果，并进行打分。见图［1-13］。

教师管理 >> 教师评分

班级编号	班级名称	创建时间	评分		
221	mandy	2006-5-9 11:02:27	评分	无历史评分记录	查看
219	aa	2006-2-17 17:40:51	评分	无历史评分记录	查看
213	模板班级	2006-2-17 14:13:22	评分	无历史评分记录	查看

1

图［1-13］

3.3.4 新增公告

教师可在此处添加公告，每个该教师班级下的学生都可在公告牌中看到。同时教师也可以随公告一起在附件里上传资料供学生参考。公告可以发布一些通知类型的信息，也可以发布一些大家上课时需要注意的问题等。见图［1-14］。

图［1-14］

3.3.5 查看公告

教师可在此处查看自己和其他教师发布的公告，同时可对公告进行删除的操作。见图［1-15］。

教师	标题	时间	修改	删除
教师	课件	2006-2-20 11:36:17	修改公告	删除公告
教师	贸易磋商	2005-1-13 13:18:41	修改公告	删除公告
教师	信用证流程训练	2005-1-13 12:40:45	修改公告	删除公告
1				

图［1-15］

3.4 帮助系统

3.4.1 新建帮助

在学生端，每个单证的每个小项旁都会有一个按钮，将鼠标放在上面，就会弹出一个框，里面是关于此小项的相关介绍与提示，这个功能是在教师的帮助端实现的。

在新建帮助端，主要是将这些“帮助”添加到相应的栏目中去，如图［1-16］所示，就是添加单证开证申请书里“帮助”的页面。

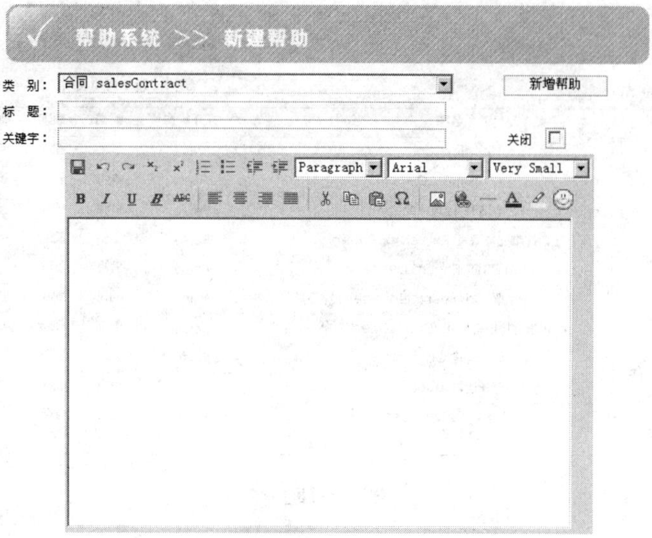

图［1-16］

同时，老师也可以新增“帮助”，并可将部分“帮助”关闭或打开，由于每个“帮助”的关闭或打开都是独立的，不会影响到其他“帮助”项，因此教师可以任意控制打开或关闭按钮，来控制学生操作的难易度。

3.4.2　查看帮助

在此可以查看以前添加的“帮助”内容，同时可查看此“帮助”状态，见图［1-17］，显示为“True” 和“False”，意为关闭和打开。教师也可以在此点击任一“帮助”类别的标题，进入其页面将内容或状态进行修改。见图［1-17］。

关键字	标题	状态
ScSummary	合同概述	False
ScSellers1		False
ScCondition	合同-付款条件	False
ScClause	合同-国际贸易贸易合同中检验索赔条款制定要则	False
ScLessClause	合同-国际贸易溢短装条款	False
SCRemarks	合同-备注 REMARKS	False
ScCommodity	Commodity and Specification	False
ScQuantity	Quantity	False
ScUT	Unit Price and Terms	False
ScAmount	Amount	False
	1 2 3 4	

图［1-17］

3.4.3　帮助类别

教师可在此新增、编辑、删除和查看“帮助”类别，见图［1-18］。

帮助系统 >> 帮助类别

帮助类别名称 新增帮助类别

ID	名称	打开状态	编辑	删除	查看
23	合同 salesContract	False	编辑	删除	查看
24	信用证 LC	False	编辑	删除	查看
25	开证申请书 LcApplication	False	编辑	删除	查看
26	出口许可证申请表 ExWarAppPaper	False	编辑	删除	查看
27	出口许可证 ExportLicence	False	编辑	删除	查看
28	商业发票 CommercialInvoice	False	编辑	删除	查看
29	出境货物报检单 ExGoodsCheck	False	编辑	删除	查看
30	原产地证 Original	False	编辑	删除	查看
31	海运出口托运单 BookingNote	False	编辑	删除	查看
32	装箱单 PackingList	False	编辑	删除	查看

1 2 3

图［1-18］

4 国际贸易公司流程实训

学生以用户身份登录后，首页面显示国际贸易流程图，分为 CFR、CIF、FOB，是可供学生参考的详细流程。

在进口方和出口方发布商业机会，双方进行贸易准备。产品核算以后，开始起草合同，合同的内容应以双方洽谈好的条件为准，否则整个交易将会陷入僵局，无法继续操作下去。业务流程的操作是由出口方、进口方、出口辅助角色和进口辅助角色之间的交互进行的，进口方和出口方进行业务的洽谈，辅助角色对进口方和出口方所填的单据进行审核，如果发现单据存在填写方面的错误，就必须退回重新填写。教师在上课的过程中，可以对单据的填写进行辅助性讲解，下面是具体的业务流程图。学生由教师安排角色后，进行登录。见图［1-19］。

图［1-19］

4.1　用户管理

用户管理包括公司资料、公告牌、收发邮件、外汇牌价、商品信息五个功能。这一部分进、出口公司都是一样的。

4.1.1　个人信息

学生在此处可以进行姓名和密码的修改。见图［1-20］。

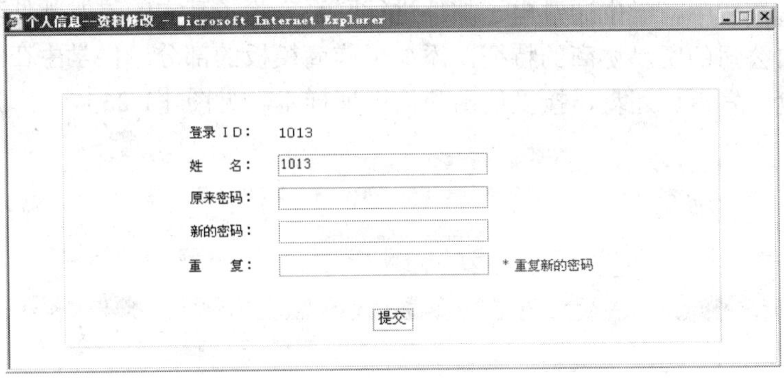

图［1-20］

4.1.2　公司资料

学生在此查看所扮演的角色的公司的基本资料，为模拟做好准备，见图［1-21］。点击“查看所有公司信息”的链接，也可查看本组内所有公司的信息。

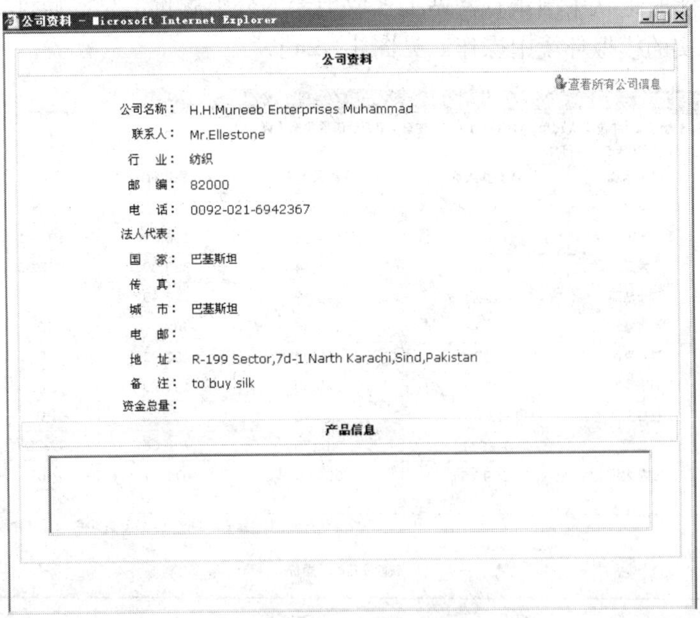

图［1-21］

4.1.3　公告信息

与教师端的公告牌相对应，从这里可对教师所发的公告进行查看。见图［1-22］。

教师	标题	时间
教师	课件	2006-2-20 11:36:17
教师	贸易磋商	2005-1-13 13:18:41
教师	信用证流程训练	2005-1-13 12:40:45
	1	

图［1-22］

4.1.4 收发邮件

整个操作流程中，学生通过电子邮件进行联系。除了基本的收发邮件功能外，这里还针对进出口公司的贸易协商的特征，添加了磋商模板的部分，供学生在发送邮件时参考，包括询盘、发盘、还盘、接受信函和信用证样本。见图［1-23］。

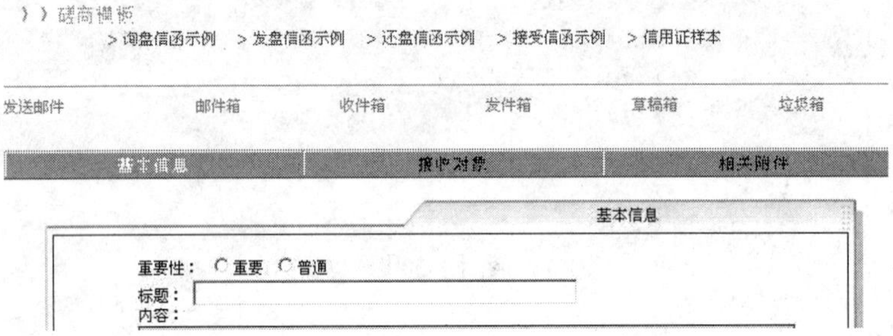

图［1-23］

4.1.5 外汇牌价

外汇牌价实时地从中国银行网站上获取当天的外汇牌价信息，通过这个信息，学生可以在更加真实的模拟环境中操作。见图［1-24］。

外汇牌价 - Microsoft Internet Explorer

外汇牌价（单位：人民币/100外币） 注意：0表示该项数据不详

日期：2006年5月19日

货币名称	现汇买入价	现钞买入价	卖出价	基准价
英镑	1597.16	1559.57	1601.96	0
港币	106.29	105.65	106.61	106.41
美元	826.41	821.44	828.89	827.65
瑞士法郎	712.91	696.83	716.48	0
新加坡元	501.46	489.66	502.97	0
瑞典克朗	121.88	119.02	122.25	0
丹麦克朗	147.35	143.88	147.79	0
挪威克朗	133.6	130.45	134	0
日元	7.8871	7.8278	7.9266	7.9288
加拿大元	669.75	653.99	671.77	0

1 2

* 系统检测到服务器没有连接广域网，该数据将从数据库中取得

获取今日外汇牌价

图［1-24］

4.1.6 商品信息

在此对商品信息进行查看。见图［1-25］。

图片	产品名称	产品类型	市场价格	查看
	白厂丝	纺织	163.00元/千克	查看
	蚕丝被	纺织	320.00元/条	查看
	纯麻布	纺织	10.3元/米	查看
	纯麻纱（短纤纺）	纺织	18.5元/千克	查看
	纯棉布	纺织	17.00元/千克	查看
	涤纶	纺织	13.7元/千克	查看

图［1-25］

4.2 出口流程

学生以出口贸易公司作为出口方进行操作时，应该以出口方的角色进行登录。

为了保证操作顺利的完成，一次交易过程中，只有先完成前期的步骤，才能进行后续的步骤。完成一个步骤，并进入下一个步骤后，不能再对前面的步骤进行修改，但是可以随意查看任何步骤的相关信息。

4.2.1 流程示意图

显示了国际贸易交易的各个流程，有 CFR、CIF、COF 三个分类，可供学生参考。图［1-26］为 CFR 流程图。

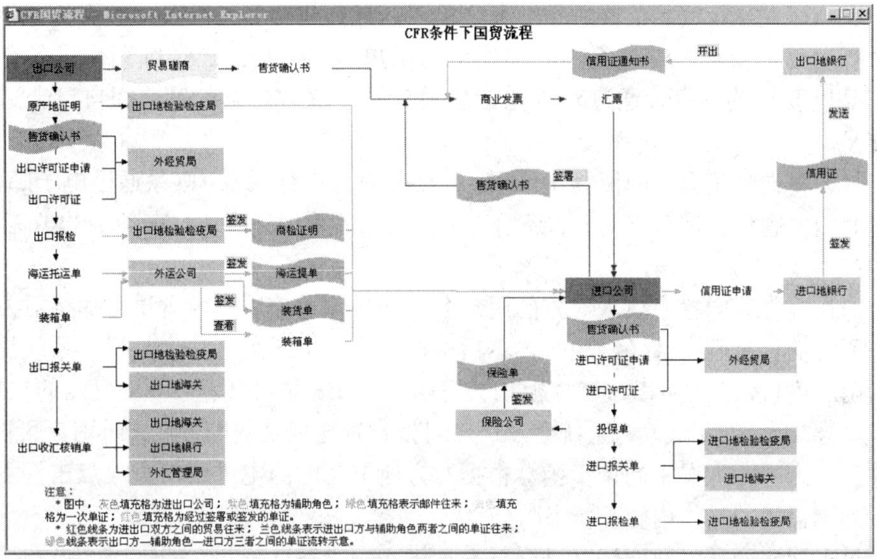

图［1-26］

4.2.2 贸易磋商

从首页点击“点击进入”，即可进入贸易的各个阶段进行操作，图［1-27］为进口公司进行贸易时所需操作的各个流程。

国际贸易综合实习平台系统--进口公司 - Microsoft Internet Explorer
国际贸易 综合实习平台系统
THE SYSTERM OF INTERNATIONAL TRADE
keyusoft
你的位置：>> 进口公司 >> 贸易磋商
退出系统
进口公司
[IMPORT COMPANY]
贸易磋商
签订合同
进口许可证
开立信用证
货物托运
商品投保
审单付汇
进口报关
进口报验
发送单证
进出口公司流程
INTRODUCTION
在本系统中，学生以不同的身份进行登录后可以进行出口流程的操作和进口流程的操作。每个流程都设定了详细的操作步骤供学生模拟。
出口流程包括：贸易磋商、签订合同、出口许可证、出口报验、产地证明、审证改证、商业发票、货物托运、商品投保、出口报关、制单结汇、业务善后、发送单证。
进口流程包括：贸易磋商、签订合同、进口许可证、开立许可证、货物托运、商品投保、审单付汇、进口报关、进口报验、发送单证。

图［1-27］

一家公司在寻找贸易伙伴进行交易之前，应该先进行贸易准备。该页面显示了公司可以进行贸易的伙伴，即该组中的其他所有用户角色。页面还详细列出了各个公司销售的产品以及相关信息。通过对这些信息的分析，贸易公司可以选择自己合适的伙伴进行交易。

贸易公司选择了自己的贸易伙伴后，需要与对方进行联系。联系通过电子邮件进行。整个磋商的内容包括询盘、发盘、还盘、接受信函和信用证样本。在顶端的“磋商模板”中可供参考。

用户在收件人一栏中填入对方的用户名，如果输入的用户名有误，那么对方则无法收到您所发的询盘函，请仔细填写，然后根据一定的格式来书写询盘函，系统提供了一套询盘函的模板，学生可以参考模板来书写函电，系统并列出了书写询盘函的注意事项。点击“发送”后，如果成功，系统会发送一封报告发送成功的邮件。同时用户可以在“接收邮件”中查看对方发来的询盘函，根据对方所书写的函电进行发盘。点击询盘函，可以查看到询盘函的具体内容。

经过多次磋商后，双方确立进行贸易，进入到“签订合同”的阶段。见图［1-28］。

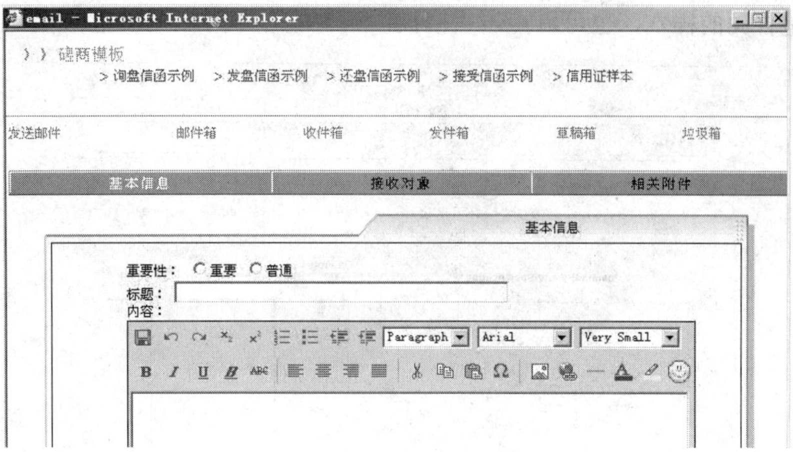

图［1-28］

4.2.3　签订合同

一系列的讨价还价之后，双方就某一标准签订合同，首先由出口方起草合同，点击“起草合同”，在此可以起草同进口方的合同，也可以查看到以前起草的合同，如果有多份合同，在下拉框中选择相应的合同号。如果合同不符合进口方要求，可以对合同进行修改。经过多次联系后，点击“签字”，表示该合同起草完毕。此时系统会自动形成一个合同号。随后，需要把起草好的合同，即销售合同通过“发送单证”发给进口方，这时需要等待进口方的合同签字。注意：分批转船必须填“是”或“否”。当双方都签字以后，进口方可以起草该合同的信用证。见图［1-29］。

图［1-29］

以下是合同的样本，也可以点击“模板”查看填写样例。见图［1-30］。

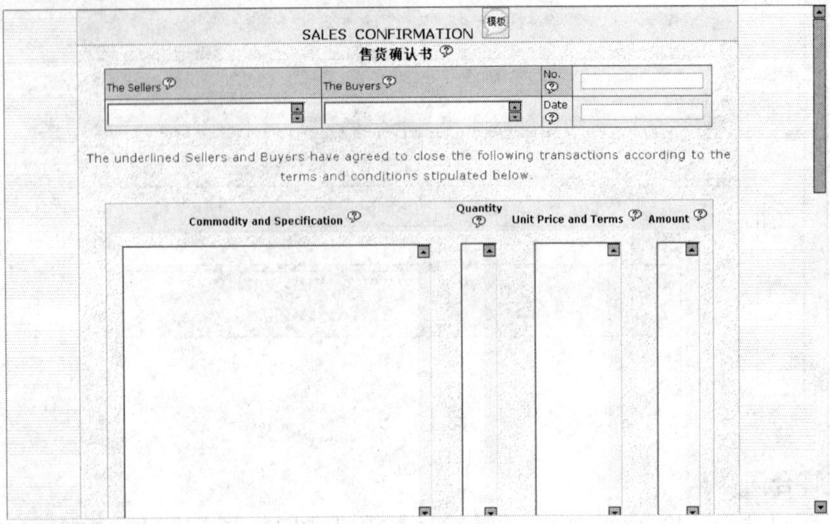

图［1-30］

4.2.4 出口许可证

通过合同号，起草出口许可证申请书与出口许可证，通过“发送单证”发送给出口辅助角色的出口地外经贸局等待审核。见图［1-31］。

图［1-31］

4.2.5 出口报验

起草出口商品报验单，通过“发送单证”发送给出口辅助角色的出口地检验检疫局进行审核。见图［1-32］。

图［1-32］

4.2.6 产地证明

产地证明是制单结汇时不可缺少的单据，我们可以事先进行申请。点击“起草产地证”，填写完产地证的内容后，就可以点击发送，这样在制单结汇时就可以看到这张单据的状态了。点击“查看产地证”，可以浏览刚才发送的产地证明。这一步需要在签订合同前后做。见图［1-33］。

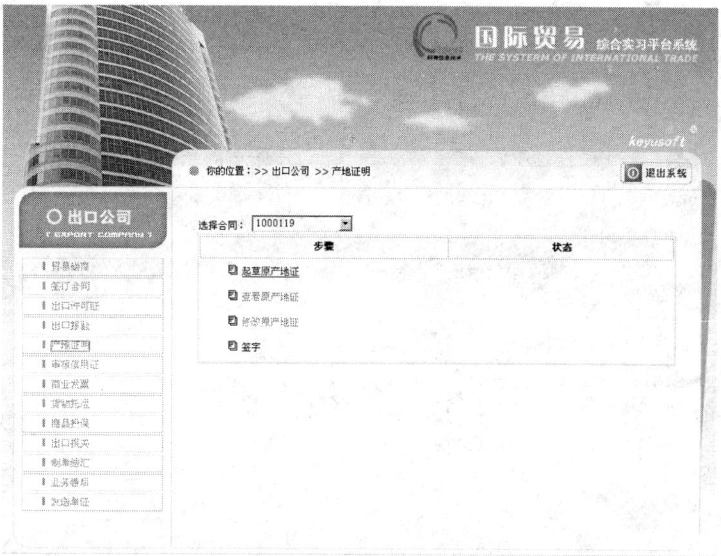

图［1-33］

4.2.7 审核信用证

如果对方信用证还未开过来，表现状态为“催证”，我们可以通过电子邮件的方式向对方催开信用证。

在进口方请进口地银行将信用证开出后，出口方的信用证状态就表现为“审证”和“改证”了。

出口方在浏览了信用证通知书的内容以后，如果符合先前的各项规定，那么可以点击同意。如果信用证有不符的话，可以点击发送修改信息，用电子邮件的方式将修改意见发送给进口方。

只有出口方审证通过后，交易双方才能进入下一步操作。见图［1-34］。

图［1-34］

4.2.8 商业发票

出口方起草发票。见图［1-35］。

图［1-35］

4.2.9 货物托运

如果由出口方进行货物托运和商品投保的话，那么出口方要起草海运托运单和装箱单的操作，起草完成后通过“发送单证”发送到进口辅助角色中的外运公司等待审核。反之，则由进口方来完成。见图［1-36］。

图［1-36］

4.2.10 商品投保

出口方填写保险单，提交给保险公司。

填写完出口货物明细单的内容后，点击“确定”，页面上会有保险单未填写的提示信息。选择相应的信用证，点击填写保险单。

填写完海运出口货物投保单，点击“确定”，会发现页面上的状态发生了变化，投保单已经发送给辅助角色的保险公司。

货代浏览了出口货物明细单后，如果发现有不妥的地方，可以点击“发回”重填，如果没有需要出口方进行修改的，就可以点击“查看投保单”了。

如果出口方填写的海运出口货物投保单有误的话，可以点击“发回”重填。如果没有错误的话，就可以点击发送投保单。

点击“审核”，保险单发送成功后，保险公司也可以浏览到刚才发送的保险单。见图［1-37］。

图［1-37］

图［1-38］是投保单样本：

运输险投保单

Application For Transportation Insurance

被保险人 Assured's Name：	**Shanghai Television Company**		No. 369258147
兹有下列物品向中国人民保险公司投保 Insurance is required on ther following commodities:			
标记 Marks & Nos. M/N	包装及数量 Quantity: CARTON 1000	保险货物项目 Description of goods: 29'''Golden Star'' Brand Colour TV Sets	Amount USD4,000,000
装载工具 Per conveyance: Vessel "GOLDEN MOUNTAIN" ,8			
Slg.on abt. 2006.2.24	B/L No. WE-SE-7868324		
Claims Payable At Yokohama From: Shanghai	Via: Hongkong	To:Yokohama	
Conditions & /or Special Coverage:			
Applicant's Signature Shanghai Television Company			Date: 2006.1.30

图［1-38］

4.2.11　出口报关

在此可以点击“起草出口货物报关单”。填写完出口货物报关单的内容后，点击“确定”，页面会有出口报关单审核中的提示信息。

所有的单据就被发送给辅助角色中的海关。

如果报关单填写有误的话，那么点击“发回”重新报关；如果报关单填写无误的话，那么点击“审核”通过，点击“审核”后，出现审核成功的提示信息，可以查看到刚才审核的报关单。见图［1-39］。

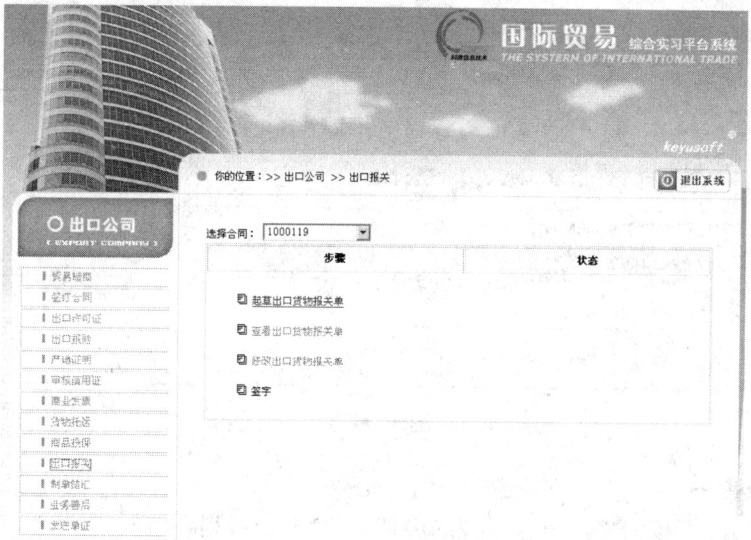

图［1-39］

图［1-40］是出口货物报关单模板：

中华人民共和国海关出口货物报关单

Pre-Input No	2903123845		Customer No	021
Loading Port	Backup No.		Export Date	Apply Date
上海港	C2207712873		2006.2.18	2006.2.5
Sales Company	Transport Terms		Conveyance	Bill No.
上海电视机公司	江海		“金山”轮	WE-SE-7868324
Shipper Company	Trade Mode		Tax Free	Settle Mode
外运公司	一般贸易		一般免征	T/T
Warrant License No.	Destination		Destination Port	Domestic Source
28/2345151	日本		横滨	上海地区
Authorized No.	Bargain Mode	Freight Payment	Insurance Payment	Extra Payment
	CIF			
Contract No.	Goods Number	Package Type	Gross Weight	Net Weight
1000065	8501510010	纸箱	10000公斤	9600公斤
Container No.	Attach Policy		Factory	
7687629、4863562			上海电视机公司	
Marks M/N				

Goods No.	Goods Name	Quantity	Unity Price	Amount	Impost
8501510010	金星牌29’彩色电视机，220伏，50赫兹，附插头两个，遥控器一个	1000台	400$	400000$	
Final Destination 日本					
Impost Condition					

图［1-40］

4.2.12 制单结汇

至此报关已经完成，然后点击“制单结汇”，填写汇票。

填写完成后，点击“确定”，会出现汇票填写成功的提示信息。

点击查看汇票可以看到刚才填写的汇票，然后点击发往银行，会有发送成功的提示信息，所有的单据都会发送给银行，由银行来审核单据。

汇票模板见图［1-41］。

汇票

凭 Drawn under	BANK OF CHINA ,JAPAN			信用证 L/C NO	58978457
日期 Dated	2006.3.15			支取 Payable with interest	
号码 NO:	MO789	汇票金额 Exchange for:	USD400000		
见票 15 日后（本汇票之副本未付）付交 AT 15 sight of this FIRST of Exchange (Lecond of Exchange being unpaid) Pay to the order of BANK OF CHINA.					
Sign Shanghai Television Company (in hand)					
TO: BANK OF CHINA,JAPAN					

图［1-41］

4.2.13 业务善后

起草出口收汇核销单，进行退税的申请。见图［1-42］。

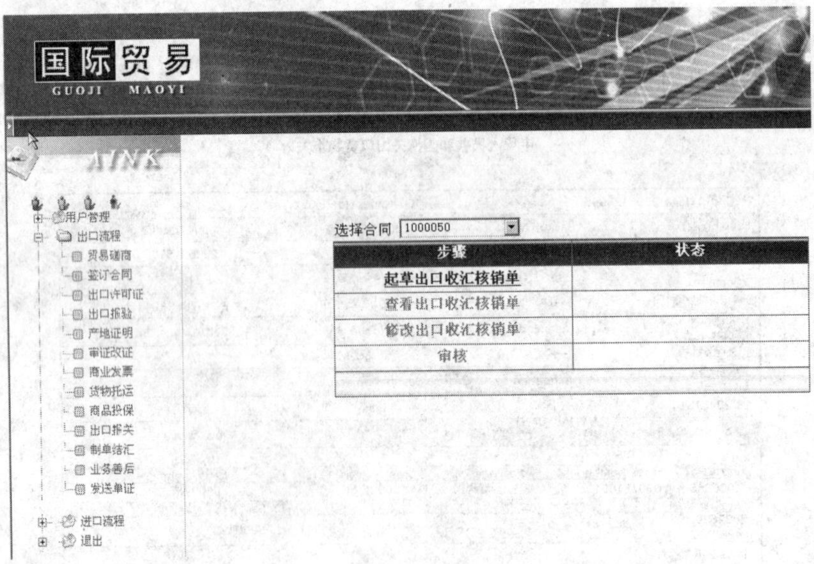

图［1-42］

4.2.14 发送单证

每完成一步操作，都可以在此将单证发送给进口公司或进口辅助角色。见图［1-43］。

图［1-43］

4.3　进口流程

学生以进口贸易公司作为进口方进行操作时，应该以进口方的角色进行登录。

为了保证操作的顺利完成，一次交易过程中，只有先完成前期的步骤，才能进行后续的步骤。完成一个步骤并进入下一个步骤后，不能再对前面的步骤进行修改。但是贸易公司可以随意查看任何步骤的相关信息。

流程示意及贸易磋商与出口流程相同，请参阅前面介绍。

4.3.1　签订合同

一系列的讨价还价之后，双方就某一标准建立合同，进口方收到从出口方发来的合同，如果不通过，退回出口方重新修改。经过多次联系后，点击“签字”，表示该合同起草完毕。见图［1-44］。

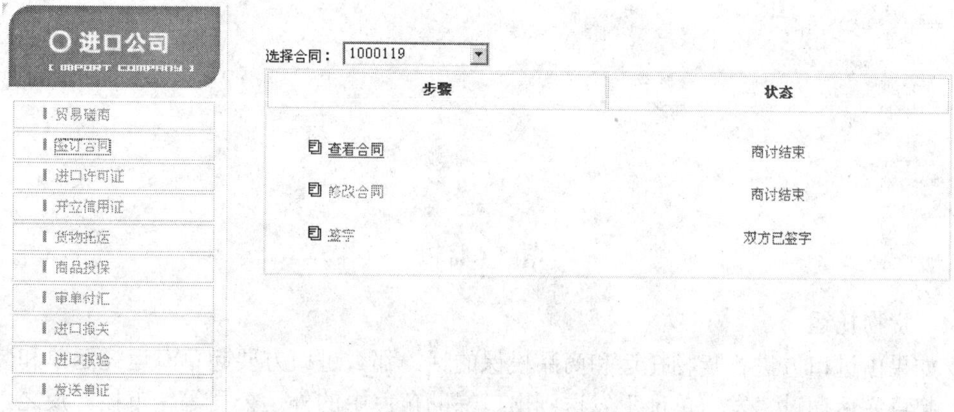

图［1-44］

4.3.2 进口许可证

与出口方对应，进口方在此起草进口许可证申请书和进口许可证，然后发送给辅助角色进口地发送机关进行审核。见图［1-45］。

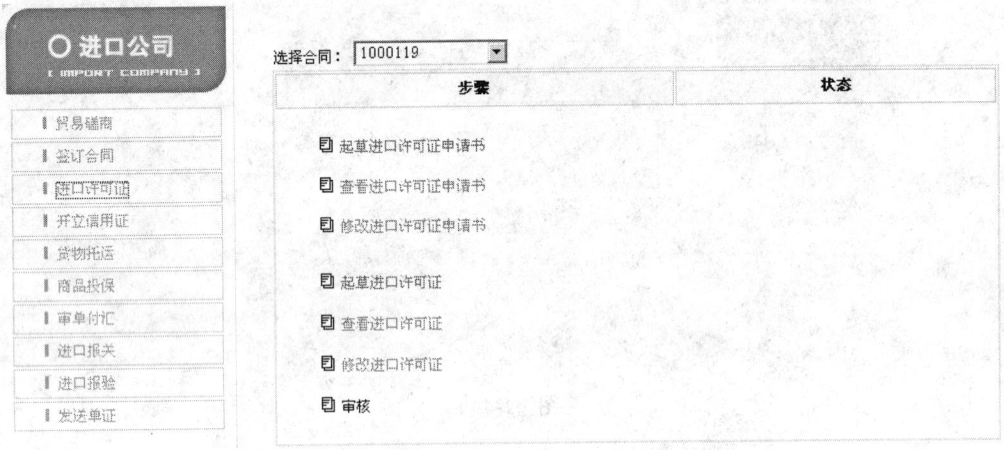

图［1-45］

4.3.3 开立信用证

进口方应开立信用证，并发到辅助角色的进口地银行审核，通过后发给出口方查看。见图［1-46］。

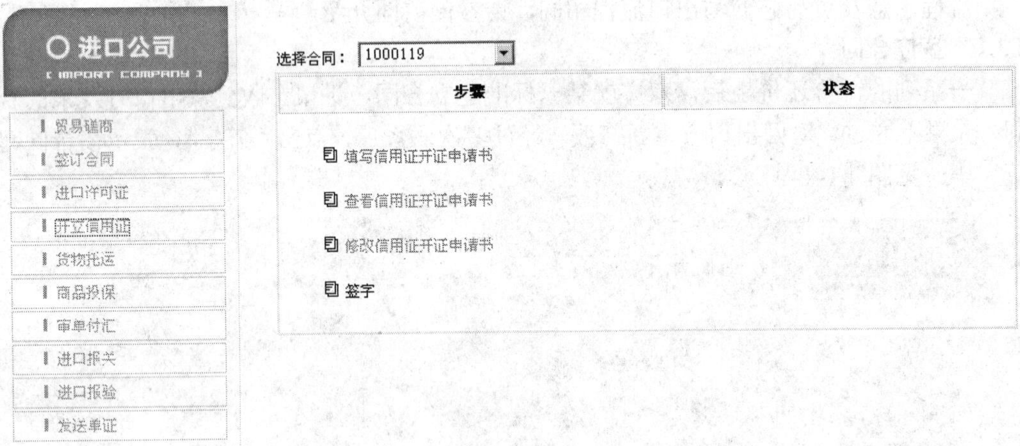

图［1-46］

4.3.4 货物托运

如果由进口方进行货物托运和商品投保的话，那么进口方要起草海运托运单和装箱单，起草完后通过“发送单证”发送到出口辅助角色中的外运公司等待审核。反之，则由出口方来完成。见图［1-47］。

图［1-47］

4.3.5　商品投保

进口方填写保险单，提交给保险公司。

填写完进口货物明细单的内容后，点击“确定”，页面上会有保险单未填写的提示信息。选择相应的信用证，点击填写保险单。

填写完海运进口货物投保单，点击“确定”，会发现页面上的状态发生了变化，投保单已经发送给辅助角色的保险公司。

货代浏览了进口货物明细单后，如果发现有不妥的地方，可以点击“发回”重填，如果没有需要进口方进行修改的，那么可以点击“查看投保单”。

如果进口方填写的海运进口货物投保单有误的话，可以点击发回重填。如果没有错误的话，就可以点击发送投保单。

点击“审核”，保险单发送成功后，保险公司也可以浏览到刚才发送的保险单。见图［1-48］。

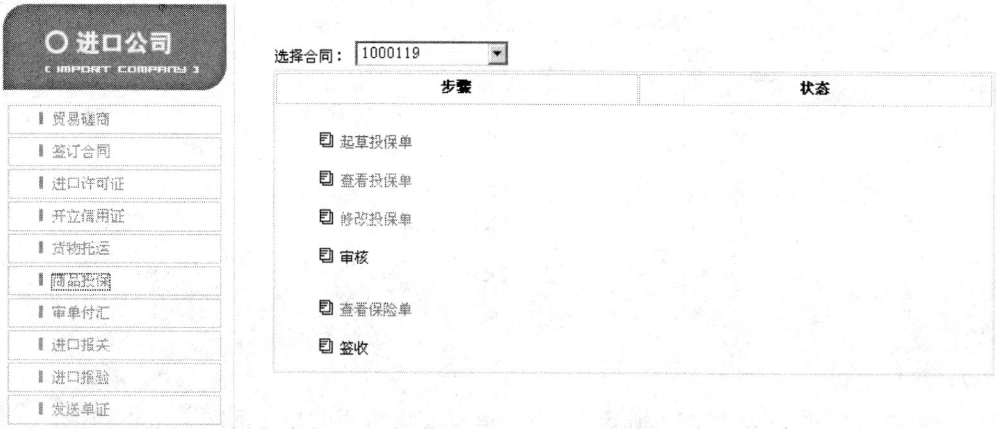

图［1-48］

图［1-49］是投保单样本：

运输险投保单

Application For Transportation Insurance

被保险人 Assured's Name：	**Shanghai Television Company**	No. 369258147
兹有下列物品向中国人民保险公司投保 Insurance is required on ther following commodities:		

标记 Marks & Nos. M/N	包装及数量 Quantity: CARTON 1000	保险货物项目 Description of goods: 29"'Golden Star" Brand Colour TV Sets	Amount USD4,000,000

装载工具
Per conveyance:
Vessel
"GOLDEN MOUNTAIN" ,8

Slg.on abt. 2006.2.24　　B/L No. WE-SE-7868324

Claims Payable At
Yokohama
From: Shanghai　　Via: Hongkong　　To:Yokohama

Conditions & /or Special Coverage:

Applicant's Signature Shanghai Television Company	Date: 2006.1.30

图［1-49］

4.3.6 审单付汇

对出口方发来的各种单据进行审核。见图［1-50］。

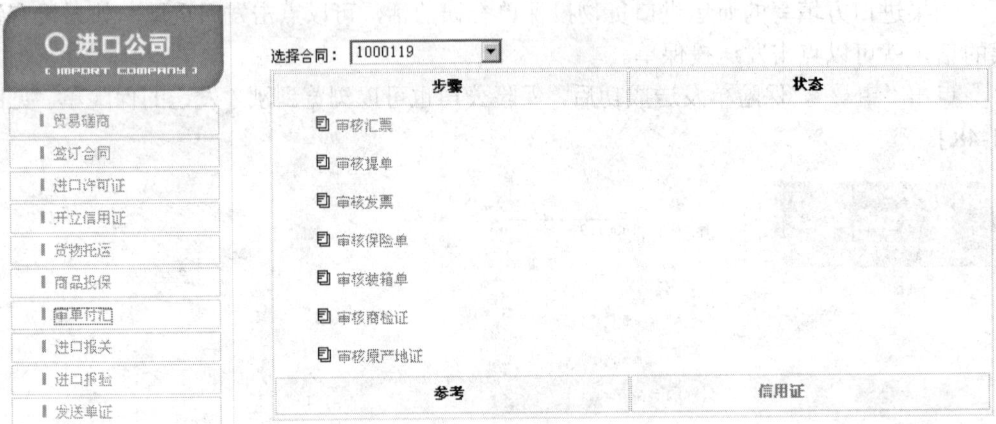

图［1-50］

4.3.7 进口报关

点击“进口报关”。点击“确定”，报关单就发送给辅助角色的海关进行审核。见图［1-51］。

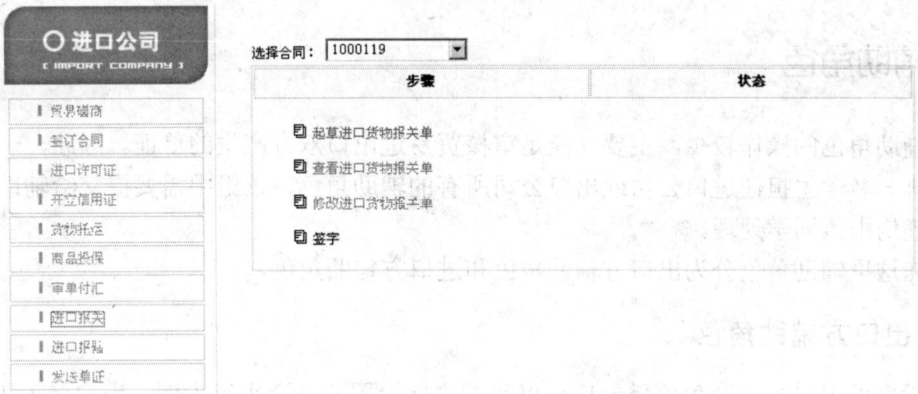

图［1-51］

4.3.8　进口报验

起草进口商品报验表，发送给辅助角色进口地检验检疫局进行审核。见图［1-52］。

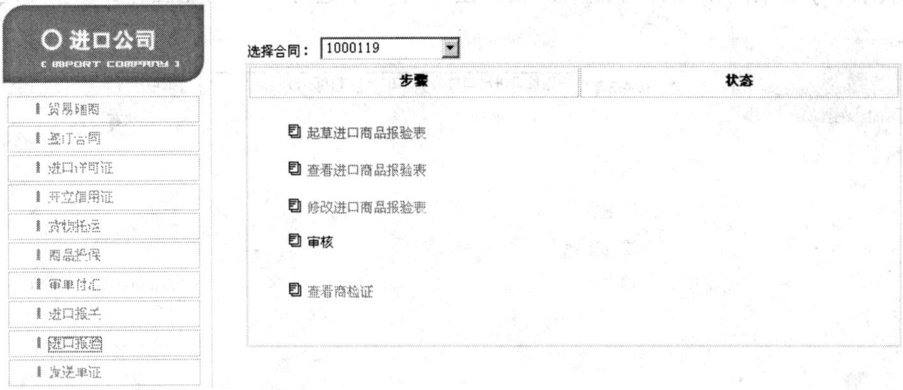

图［1-52］

4.3.9　发送单证

将各种单证分别发送给辅助角色和出口方进行审核。见图［1-53］。

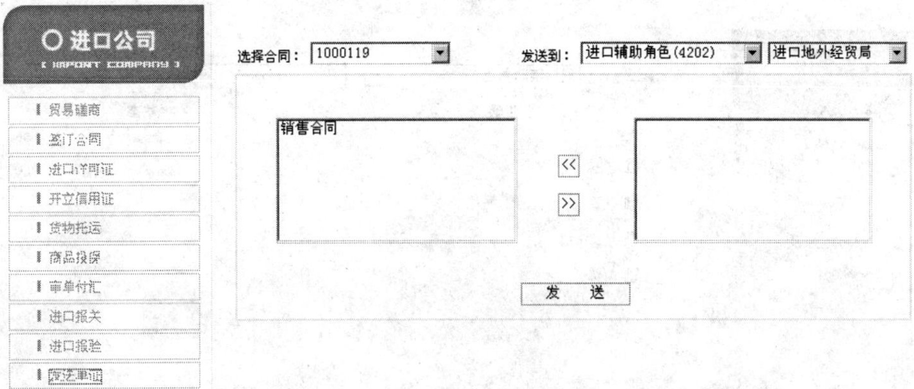

图［1-53］

5 辅助角色

辅助角色的操作较少，主要功能是审核贸易进出口双方产生的单证。因此，一个组只安排一名学生担任进口公司或出口公司所有的辅助角色，该组中需要提交给辅助角色的单证均由该同学处理。

在这里辅助角色分为出口方辅助角色和进口方辅助角色。

5.1 出口方辅助角色

学生以出口方辅助角色登录后，以我们先前设置的一个小组为例，用户名为1，密码为1。进入后，学生可以针对出口方发出的单证进行相应辅助角色的审核。出口方有以下几个辅助角色：

5.1.1 出口地外经贸局

对出口方发来的出口许可证申请表和出口许可证进行审核。见图［1-54］。

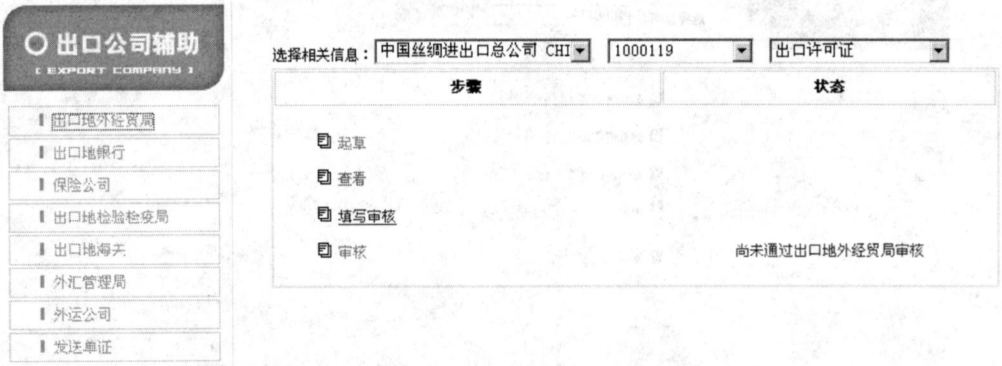

图［1-54］

5.1.2 出口地银行

银行的作用是审核信用证。见图［1-55］。

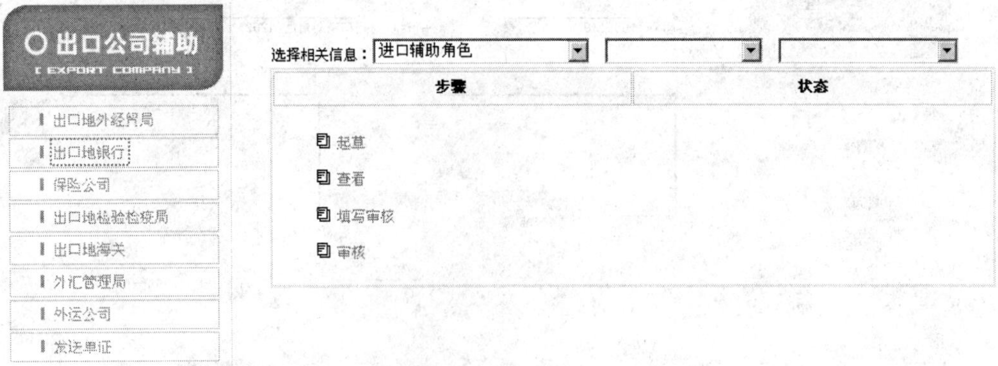

图［1-55］

5.1.3　保险公司

保险公司的作用是查看保险单。见图［1-56］。

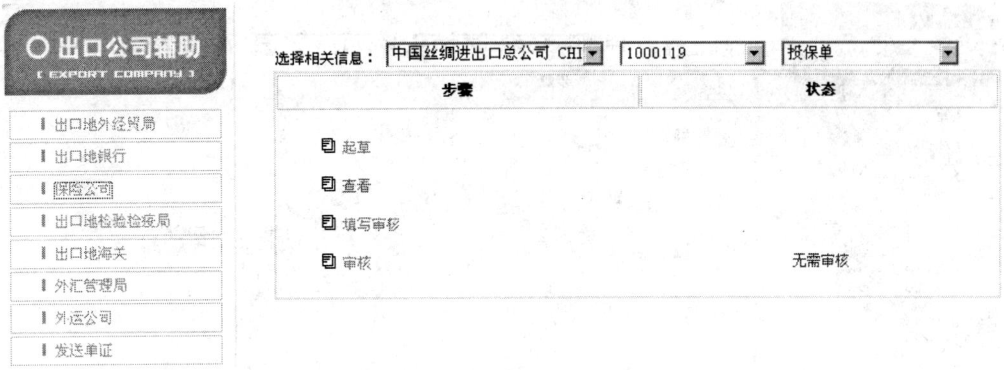

图［1-56］

5.1.4　出口地检验检疫局

出口地检验检疫局要审核出口商检商品报验单和商检证。见图［1-57］。

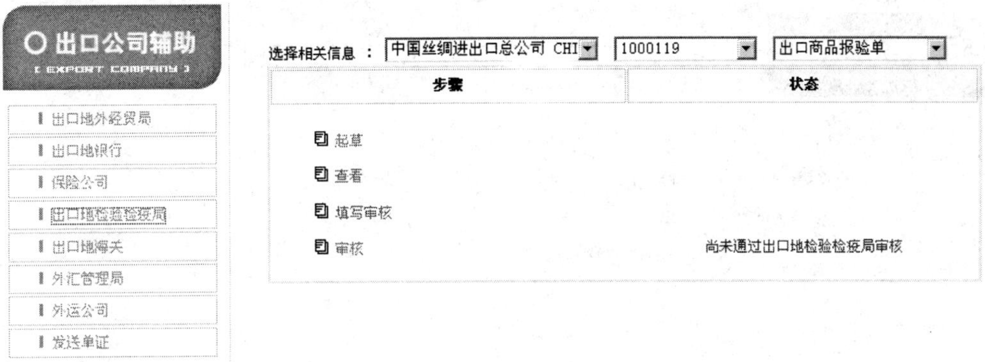

图［1-57］

5.1.5　出口地海关

出口地海关审核出口报关单和出口收汇核销单。见图［1-58］。

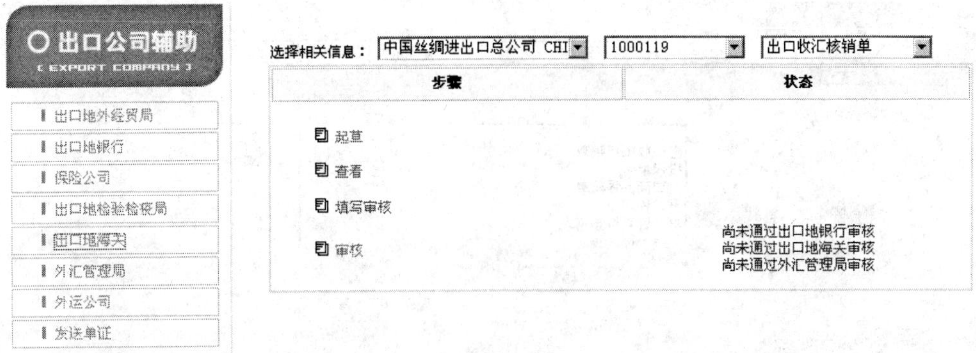

图［1-58］

5.1.6 外汇管理局

外汇管理局主要审核出口收汇核销单。见图［1-59］。

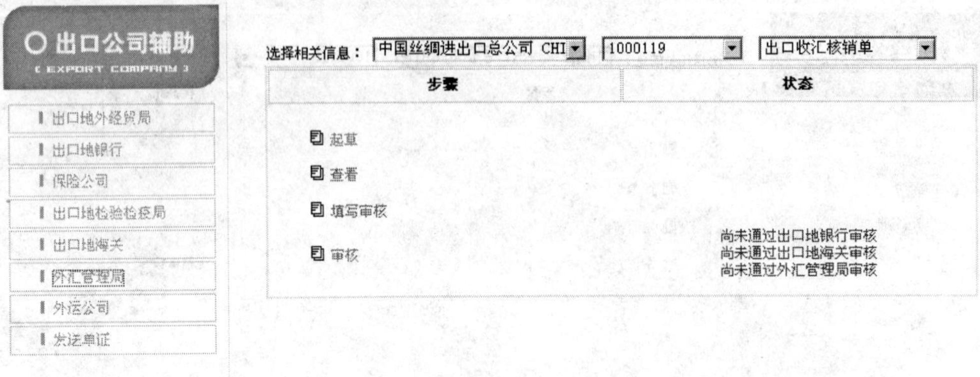

图［1-59］

5.1.7 外运公司

外运公司与出口方签订海运提单、装货单以及装箱单。见图［1-60］。

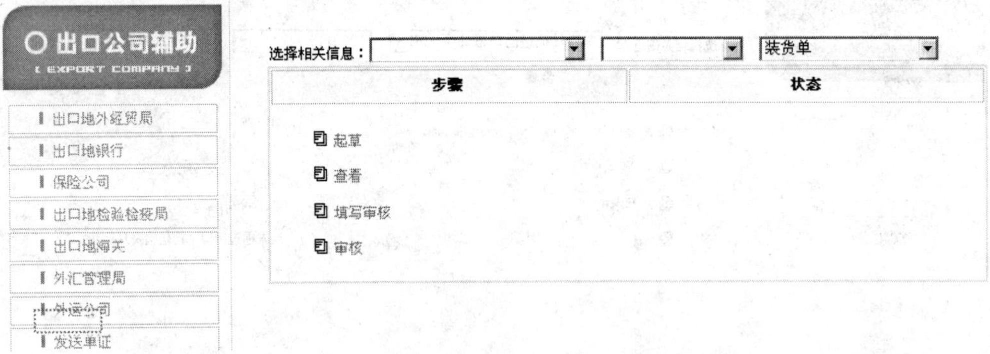

图［1-60］

5.1.8 发送单证

出口公司辅助角色可将相应单证发送给进口辅助角色或出口方公司。见图［1-61］。

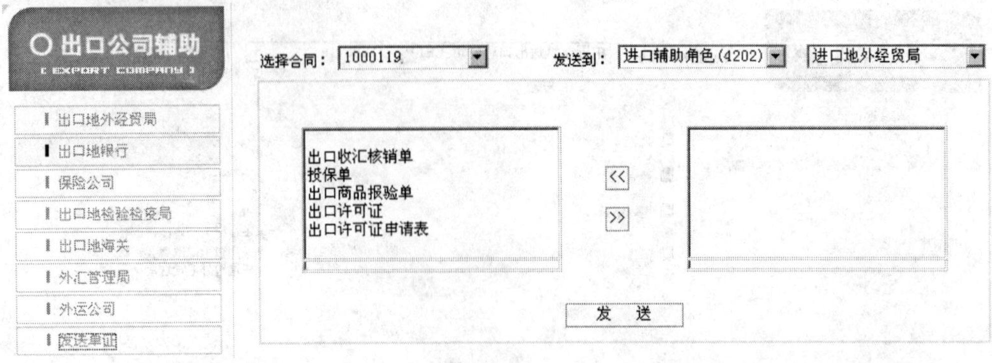

图［1-61］

5.2　进口方辅助角色

学生以进口方辅助角色登录后，以我们先前设置的一个小组为例，用户名为2，密码为1。进入后，学生可以针对进口方发出的单证进行相应辅助角色的审核。进口方有以下几个辅助角色：

5.2.1　进口地外经贸局

对进口方发来的进口许可证申请表和进口许可证进行审核。见图［1-62］。

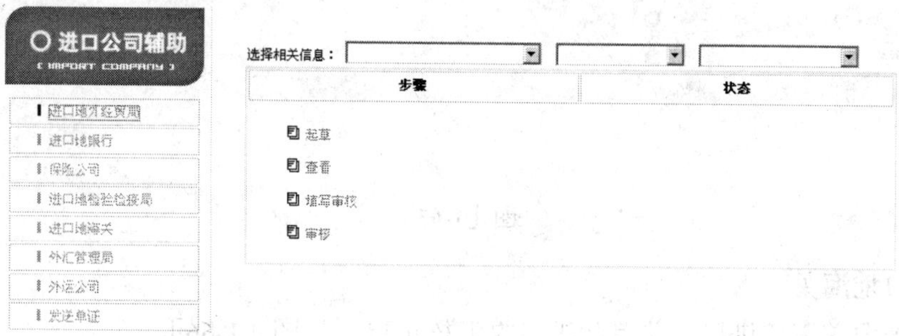

图［1-62］

5.2.2　进口地银行

银行的作用是审核信用证。见图［1-63］。

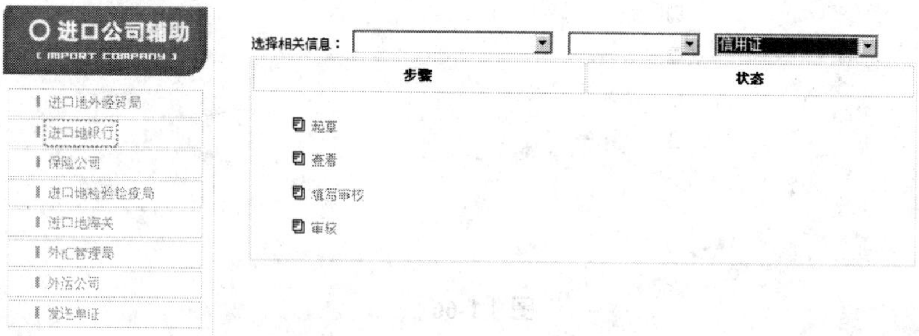

图［1-63］

5.2.3　保险公司

保险公司的作用是审核保险单。见图［1-64］。

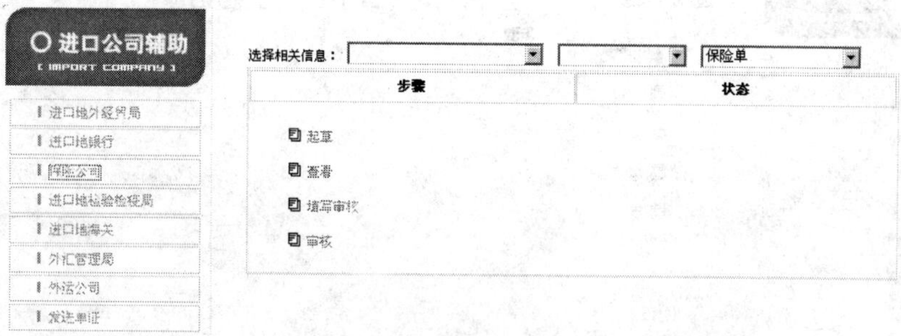

图［1-64］

5.2.4 进口地检验检疫局

进口地检验检疫局要审核进口商检商品报验单和商检证。见图［1-65］。

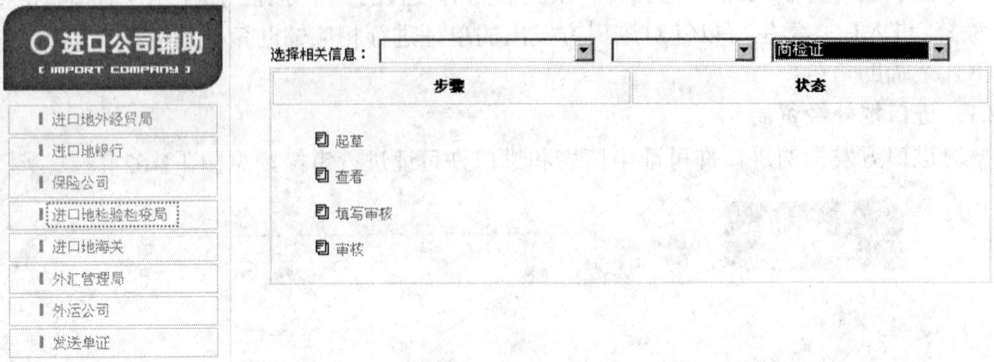

图［1-65］

5.2.5 进口地海关

进口地海关审核进口报关单和进口收汇核销单。见图［1-66］。

图［1-66］

5.2.6 外汇管理局

外汇管理局主要审核进口收汇核销单。见图［1-67］。

图［1-67］

5.2.7　外运公司

外运公司与进口方签订海运提单、装货单以及装箱单。见图［1-68］。

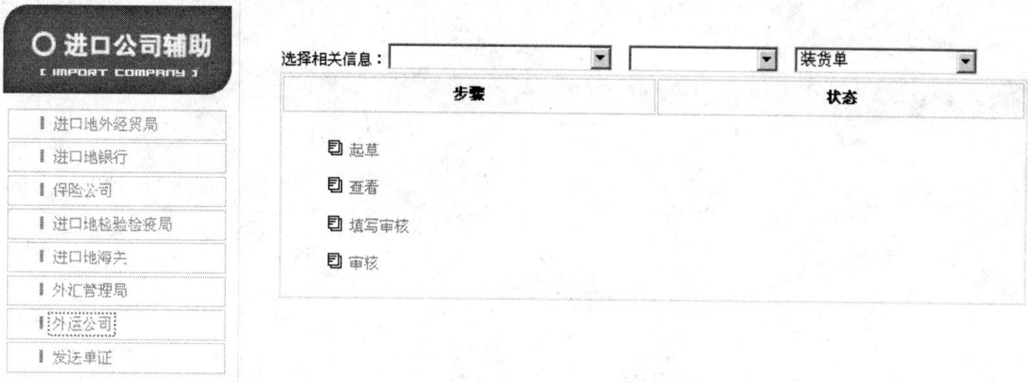

图［1-68］

5.2.8　发送单证

进口公司辅助角色将相应单证发送给出口辅助角色或进口方公司。见图［1-69］。

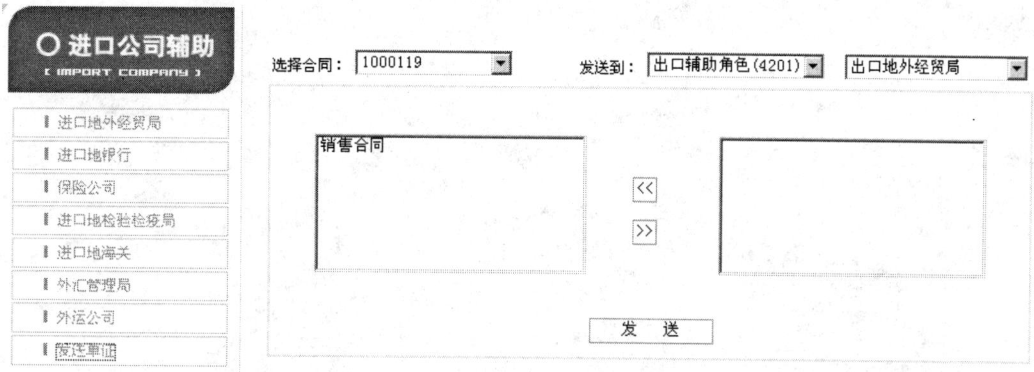

图［1-69］

至此整个交易的过程结束。从合同的洽谈建立到收到货物，在进口方、出口方与进口方辅助角色、出口方辅助角色的交互中，使学生能更清楚地了解国际贸易的业务流程，更熟练地填写各种单据，进一步培养学生的自学能力。

实训二

国际结算专项实训

1 快速入门篇

1.1 安装与注册

安装与注册的具体步骤，详见《硕研国际结算系统安装配置指南》。

1.2 登录系统

系统分为三个用户：管理员、教师和学生，所有的系统用户都有自己的账号和密码，根据用户身份选择不同的登录端口，登录端口界面见图［2-1］。点击“登录到管理员端”后，界面见图［2-2］；点击“登录到教师端”后，界面见图［2-3］；点击“登录到学生端”后，界面见图［2-4］，学生登录需要选择扮演的角色是银行还是贸易商，系统默认为银行。需要通过登录的认证过程才可以进入《硕研国际结算实验室教学软件》，登录以后不同的用户进入各自不同的操作界面。

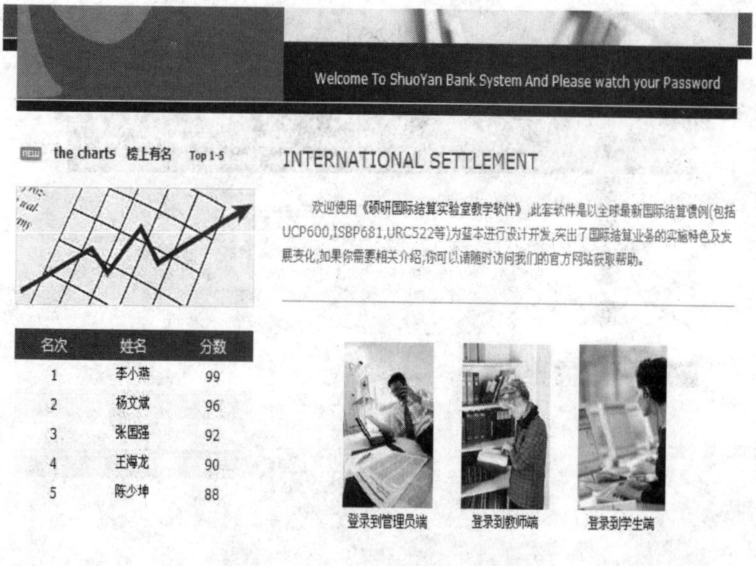

图［2-1］

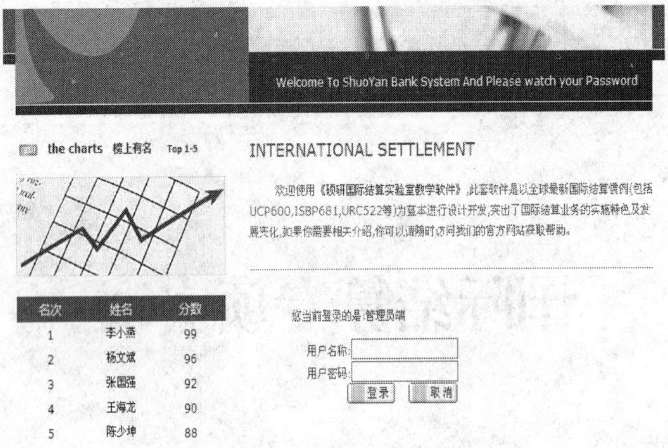
Welcome To ShuoYan Bank System And Please watch your Password
the charts 榜上有名 Top 1-5
INTERNATIONAL SETTLEMENT
欢迎使用《硕研国际结算实验室教学软件》,此套软件是以全球最新国际结算惯例(包括UCP600,ISBP681,URC522等)为蓝本进行设计开发,突出了国际结算业务的实施特色及发展变化,如果你需要相关介绍,你可以请随时访问我们的官方网站获取帮助。
名次 姓名 分数
1 李小燕 99
2 杨文斌 96
3 张国强 92
4 王海龙 90
5 陈少坤 88
您当前登录的是:管理员端
用户名称:
用户密码:
登录 取消

图［2-2］

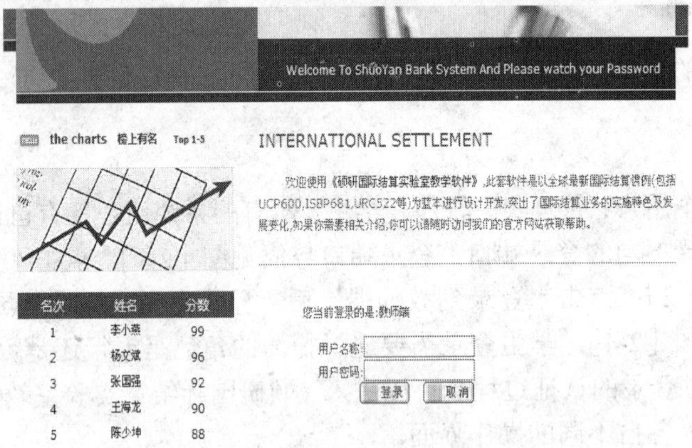
Welcome To ShuoYan Bank System And Please watch your Password
the charts 榜上有名 Top 1-5
INTERNATIONAL SETTLEMENT
欢迎使用《硕研国际结算实验室教学软件》,此套软件是以全球最新国际结算惯例(包括UCP600,ISBP681,URC522等)为蓝本进行设计开发,突出了国际结算业务的实施特色及发展变化,如果你需要相关介绍,你可以请随时访问我们的官方网站获取帮助。
名次 姓名 分数
1 李小燕 99
2 杨文斌 96
3 张国强 92
4 王海龙 90
5 陈少坤 88
您当前登录的是:教师端
用户名称:
用户密码:
登录 取消

图［2-3］

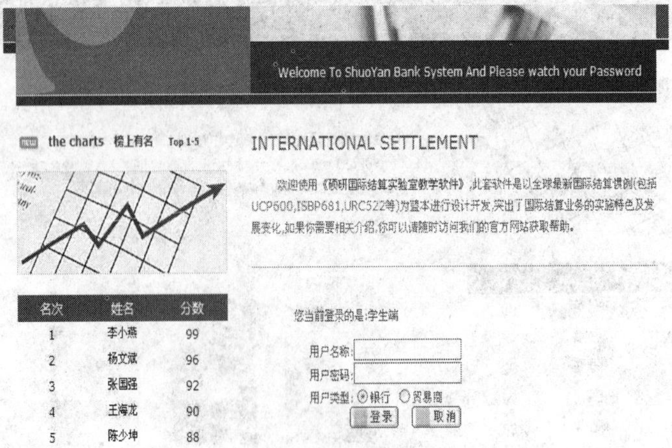
Welcome To ShuoYan Bank System And Please watch your Password
the charts 榜上有名 Top 1-5
INTERNATIONAL SETTLEMENT
欢迎使用《硕研国际结算实验室教学软件》,此套软件是以全球最新国际结算惯例(包括UCP600,ISBP681,URC522等)为蓝本进行设计开发,突出了国际结算业务的实施特色及发展变化,如果你需要相关介绍,你可以请随时访问我们的官方网站获取帮助。
名次 姓名 分数
1 李小燕 99
2 杨文斌 96
3 张国强 92
4 王海龙 90
5 陈少坤 88
您当前登录的是:学生端
用户名称:
用户密码:
用户类型: 银行 贸易商
登录 取消

图［2-4］

1.3　系统说明

1.3.1　《硕研国际结算实验教学平台》系统图

1.3.1.1　系统流程图，见图［2-5］。

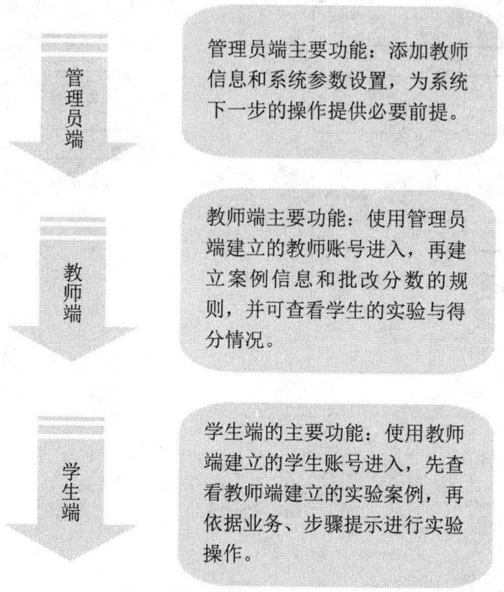

图［2-5］

1.3.1.2　系统总模块图，见图［2-6］。

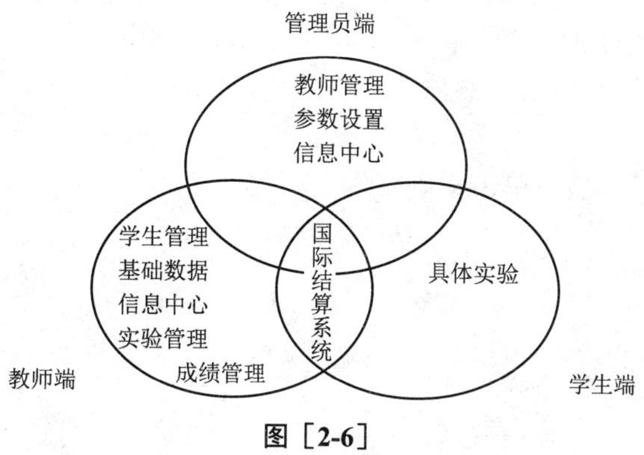

图［2-6］

1.3.1.3　系统分部模块图，见图［2-7］。

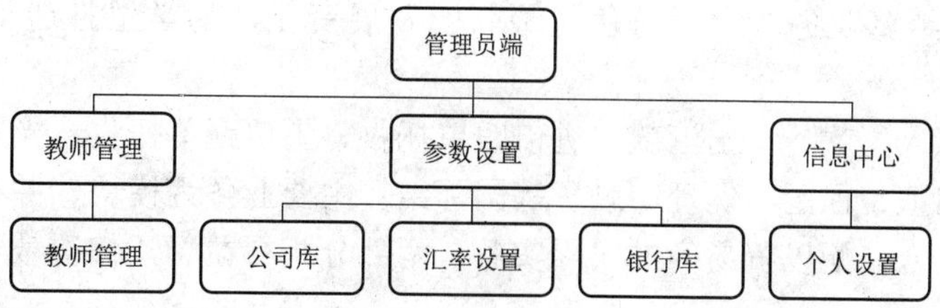

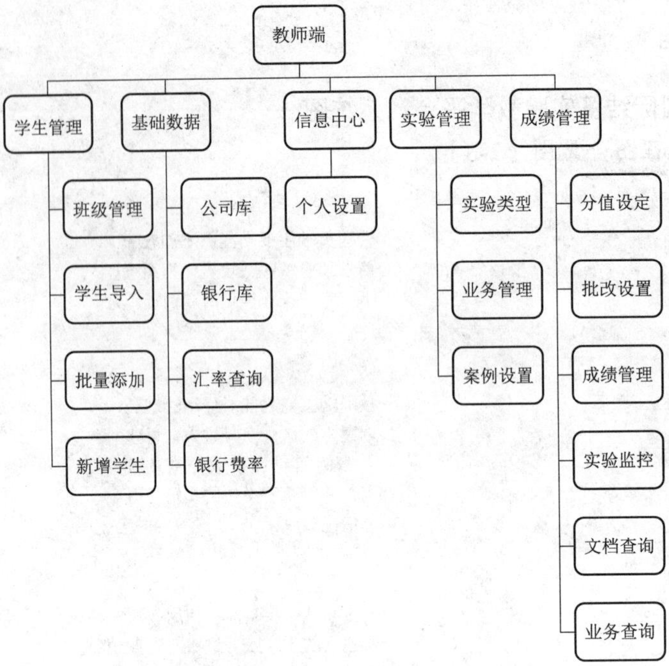

图［2-7］

1.4 使用中常见问题

问：在操作过程中，点击按钮或是链接后，为何没有弹出信息页面？

答：从“Internet 选项”配置弹出窗口阻止程序，请按照下列步骤操作：

（1）在 IE 浏览器的“工具”菜单上，单击“Internet 选项”；

（2）单击“隐私”选项卡，然后清除“阻止弹出窗口”复选框以关闭弹出窗口阻止程序；

（3）单击“应用”，然后单击“确定”。

2 教师指导篇

2.1 实验软件简介

《硕研国际结算实验教学平台》是以全球最新国际结算惯例为蓝本进行设计（包括 UCP600、ISBP681、URC522、URR725、URCG325、URDG458、URCB524、ISP98 等），突出国际结算业务的实时特色及最新的发展变化，为学生打造了一个良好的资讯背景。

该版本以汇入汇款、汇出汇款、进口跟单托收、出口跟单托收、光票托收、进口信用证、出口信用证、保函、保理、融资等国际结算主要业务为模块，并与实际的银行国际结算实务相结合，配以贸易商的实际实务，两部分相得益彰，使得教学有的放矢。教学情景以国际结算实务中涉及的票据、面函、SWIFT 为载体，交易流程严谨清晰，同时在各类票据、面函、WIFT 的填写、审核、传递的过程中，学生不仅可以学习到银行国际结算业务的实务操作，还包括贸易商在国际结算业务中涉及的事宜，在加深理论知识的同时，对国际结算的实务有了全面的理解和认知。

学生在操作软件的同时，对国际结算实际业务有了感性认识，也以此加深了学生对国际结算理论知识和具体业务流程的理解，使其进入一个国际结算的学习"磁场"，从而提高学生的综合素质及实际业务操作能力。

2.2　管理员端操作

管理员端是在实验前完成对教师管理、信息中心、系统参数等条件的设置。

2.2.1　管理员登录

管理员登录初始用户名：admin，初始密码：111111。见图［2-2］。

教师或是管理员用户首次登录管理员端后要更改管理员的登录密码，以此来确保系统重要信息的保密性，确保系统的正常使用。

2.2.2　教师管理

功能：对教师信息的增加、删除、修改。见图［2-8］。

操作步骤：

首先，点击"教师管理"→"教师管理"，则进入信息操作界面。

（1）点击界面上方的"新增老师"，在弹出的信息界面填写新增实验指导老师的信息，点击"保存"。若不保存此次信息，点击"取消"。

（2）如果需要修改某一条信息，可选中该条信息，点击✎，弹出的界面类同示图［2-8］，修改对应信息后，点击"保存"。若放弃此次修改，则点击"取消"。

（3）如果需要删除某一条信息，可选中该条信息，点击 🗑 图标。

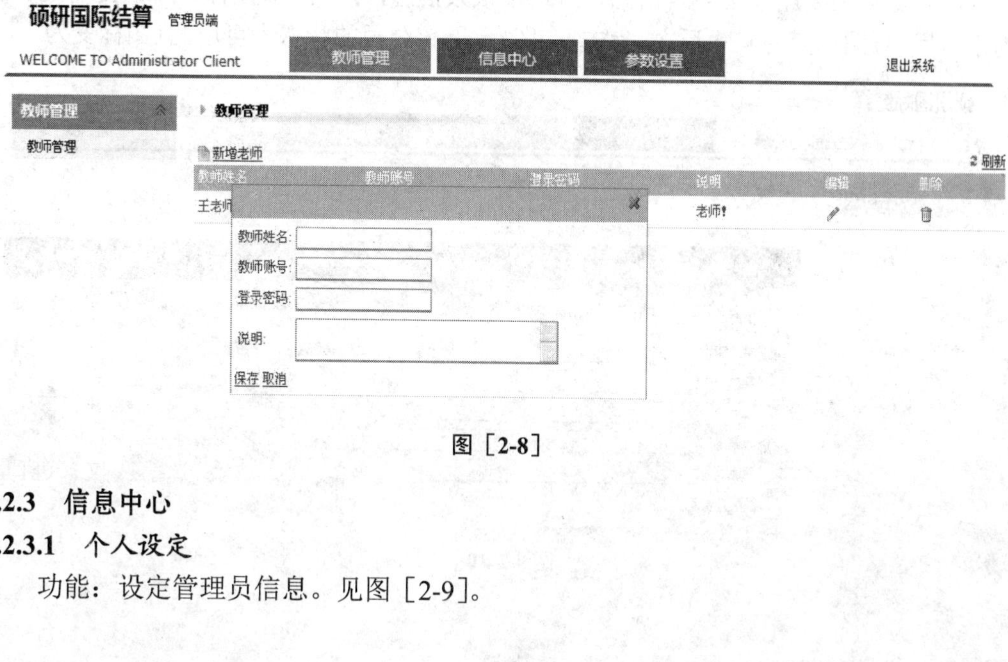

图［2-8］

2.2.3　信息中心

2.2.3.1　个人设定

功能：设定管理员信息。见图［2-9］。

操作步骤：

首先，点击“信息中心”→“个人设定”，则进入信息操作界面。

在个人设定界面录入管理员的相关信息，点击“保存”。

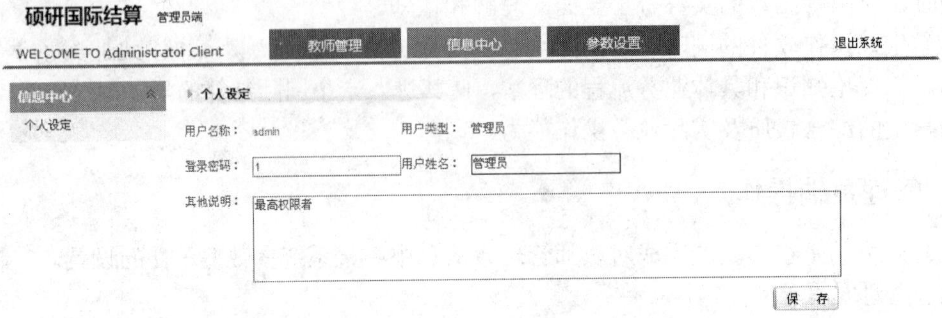

图［2-9］

2.2.4 参数设置

2.2.4.1 公司库

功能：对公司库中信息的增加、删除、修改。见图［2-10］。

操作步骤：

首先，点击“参数设置”→“公司库”，则进入信息操作界面。

（1）点击界面上方的“新增公司”，在弹出的信息界面填写新增公司的信息，点击“保存”。若不保存此次信息，则点击“取消”。

（2）如果需要修改某一条信息，可选中该条信息，点击，弹出的界面类同示图［2-10］，修改对应信息后，点击“保存”。若放弃此次修改，则点击“取消”。

（3）如果需要删除某一条信息，可选中该条信息，点击图标，即该公司的状态为不可用，且图标变为；反之，点击图标，即该公司的状态为可用，且图标变为。

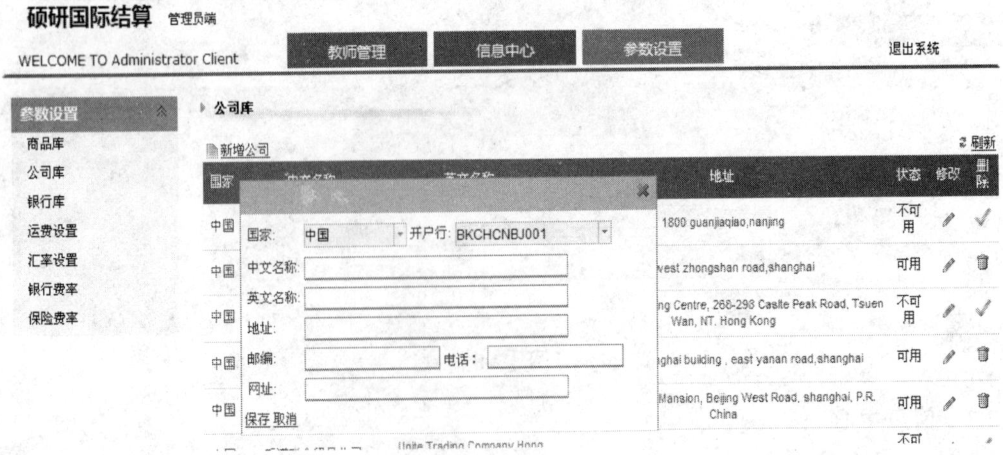

图［2-10］

2.2.4.2　银行库

功能：对银行库中信息的增加、删除、修改。见图［2-11］。

操作步骤：

首先，点击“参数设置”→“银行库”，则进入信息操作界面。

（1）点击界面上方的“新增银行”，在弹出的信息界面填写新增银行的信息，点击“保存”。若不保存此次信息，则点击“取消”。

（2）如果需要修改某一条信息，可选中该条信息，点击，弹出的界面类同示图［2-11］，修改对应信息后，点击“保存”。若放弃此次修改，则点击“取消”。

（3）如果需要删除某一条信息，可选中该条信息，点击图标，即该银行的状态为不可用，且图标变为；反之，点击图标，即该银行的状态为可用，且图标变为。

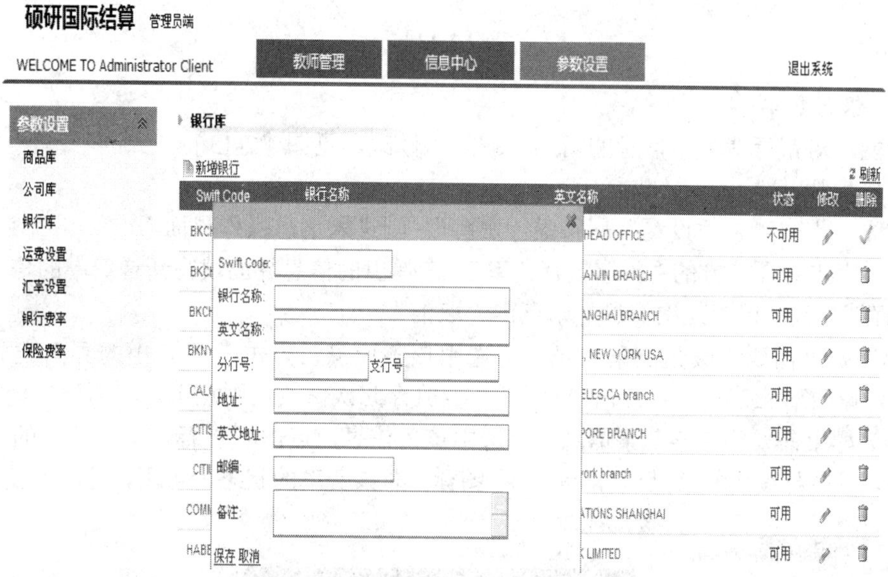

图［2-11］

2.2.4.3　汇率设置

功能：对汇率中信息的增加、删除、修改。见图［2-12］。

操作步骤：

首先，点击“参数设置”→“汇率设置”，则进入信息操作界面。

（1）点击界面上方的“新增汇率”，在弹出的信息界面填写新增汇率的信息，点击“保存”。若不保存此次信息，则点击“取消”。

（2）如果需要修改某一条信息，可选中该条信息，点击，弹出的界面类同示图［2-12］，修改对应信息后，点击“保存”。若放弃此次修改，则点击“取消”。

（3）如果需要删除某一条信息，可选中该条信息，点击图标，即该汇率的状态为不可用，且图标变为；反之，点击图标，即该汇率的状态为可用，且图标变为。

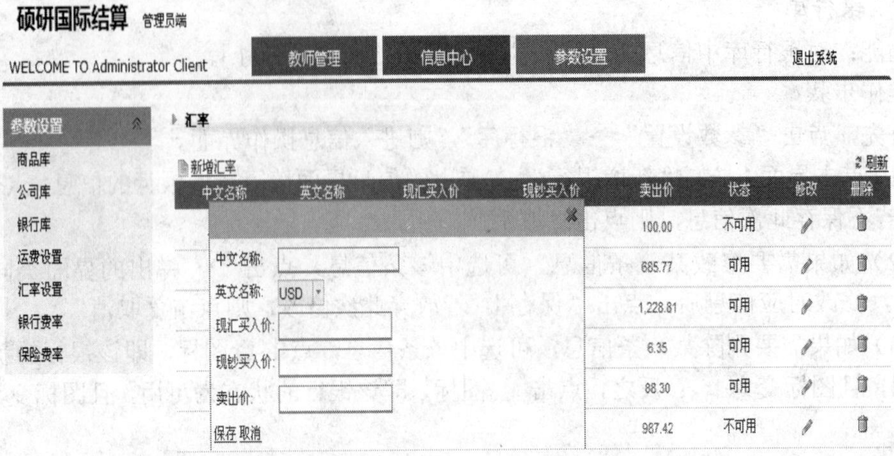

图［2-12］

2.2.4.4 银行费率

功能：对银行费率中信息的增加、删除、修改。见图［2-13］。

操作步骤：

首先，点击“参数设置”→“银行费率”，则进入信息操作界面。

（1）点击界面上方的“新增银行费率”，在弹出的信息界面填写新增费率的信息，点击“保存”。若不保存此次信息，则点击“取消”。

（2）如果需要修改某一条信息，可选中该条信息，点击 ，弹出的界面类同示图［2-13］，修改对应信息后，点击“保存”。若放弃此次修改，则点击“取消”。

（3）如果需要删除某一条信息，可选中该条信息，点击 图标，即该费率的状态为不可用，且图标变为 ；反之，点击 图标，即该费率的状态为可用，且图标变为 。

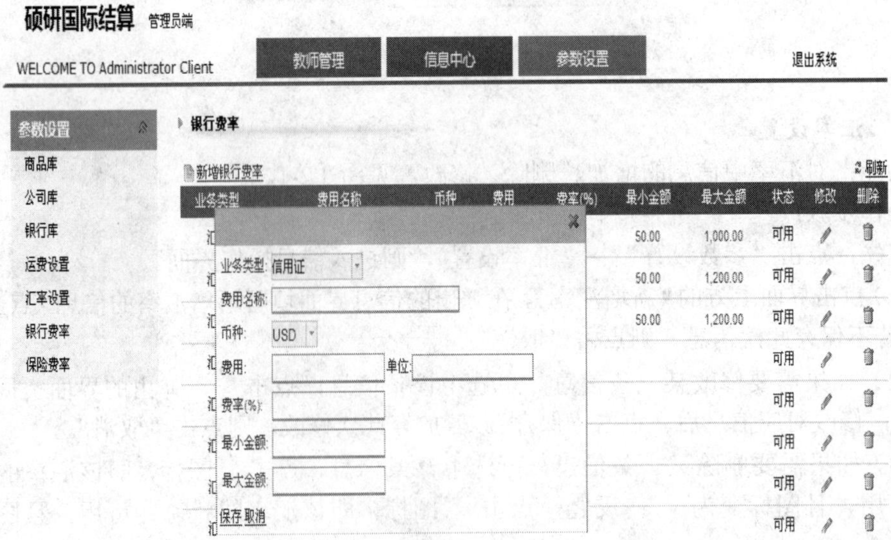

图［2-13］

2.3　教师端操作

教师端分为五大功能模块：学生管理、信息中心、基础数据、实验管理、成绩管理。

2.3.1　教师登录

教师登录初始用户名：teacher，初始密码：111111。见图［2-3］。

此教师用户为测试使用，若要使用此用户信息，需先更改此用户登录信息，以此来确保系统重要数据的保密性，确保系统的正常使用。

2.3.2　学生管理

2.3.2.1　班级管理

功能：对班级信息的增加、删除、修改。见图［2-14］。

操作步骤：

首先，点击“学生管理”→“班级管理”，则进入信息操作界面。

（1）点击界面上方的“新增班级”，在弹出的信息界面填写新增实验班级的信息，点击“保存”。若不保存此次信息，则点击“取消”。

（2）如果需要修改某一条信息，可选中该条信息，点击，弹出的界面类同示图［2-14］，修改对应信息后，点击“保存”。若放弃此次修改，则点击“取消”。

（3）如果需要删除某一条信息，可选中该条信息，点击图标。当该班级下面已有学生时，则弹出提示“对不起，请先删除当前班级下的学生，再删除班级！”；反之，则完成删除。见图［2-15］。

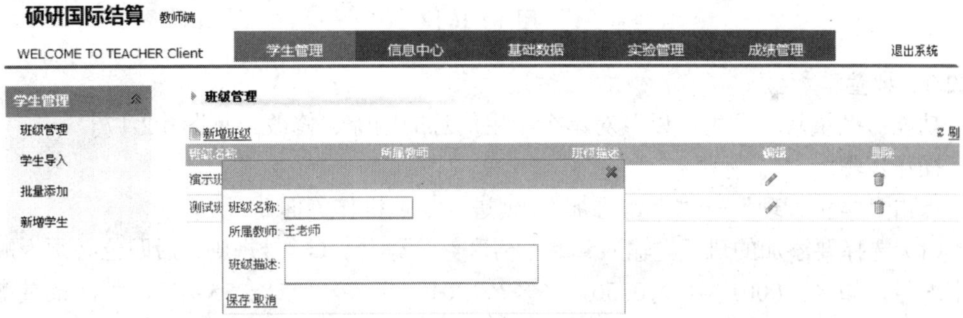

图［2-14］

图［2-15］

2.3.2.2 学生导入

功能：从 EXCEL 格式文件中，对参与实验的学生的信息按班级批量导入。见图［2-16］。

操作步骤：

点击“学生管理”→“学生导入”，则进入信息操作界面。

（1）在学生导入界面，选择导入班级名称，选择导入文件夹，点击界面上方的“导入”。

（2）Excel 文件的格式为：学生姓名、学生账号、学生密码、学生说明。

图［2-16］

2.3.2.3 批量添加

功能：批量新增学生，以及对单个学生信息的删除、修改。见图［2-17］。

操作步骤：

点击“学生管理”→“批量添加”，则进入信息操作界面。

（1）选择要添加的班级，输入起始学号和终止学号，（学号规则：后四位必须为顺序数字编号，如××0001—××0050，×××1201—×××1221，35—50，每次批量增加的人数为 60），点击“批量新增”。

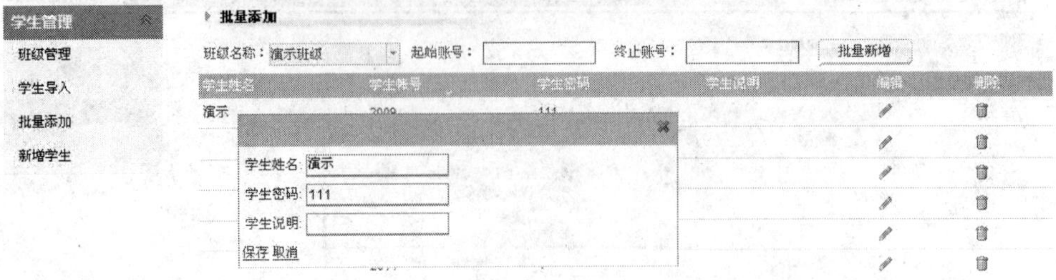

图［2-17］

（2）如果需要修改某一条信息，可选中该条信息，点击，弹出的界面类同示图［2-17］，修改对应信息后，点击“保存”。若放弃此次修改，则点击“取消”。

（3）如果需要删除某一条信息，可选中该条信息，点击图标。

2.3.2.4　新增学生

功能：新增学生，以及跳转到可修改或是删除的界面。见图［2-18］。

操作步骤：

首先，点击“学生管理”→“新增学生”则进入信息操作界面。

（1）录入新增学生的信息，点击“保存”。

（2）点击“返回”，即跳转到批量添加界面，可对单个学生进行修改或是删除。

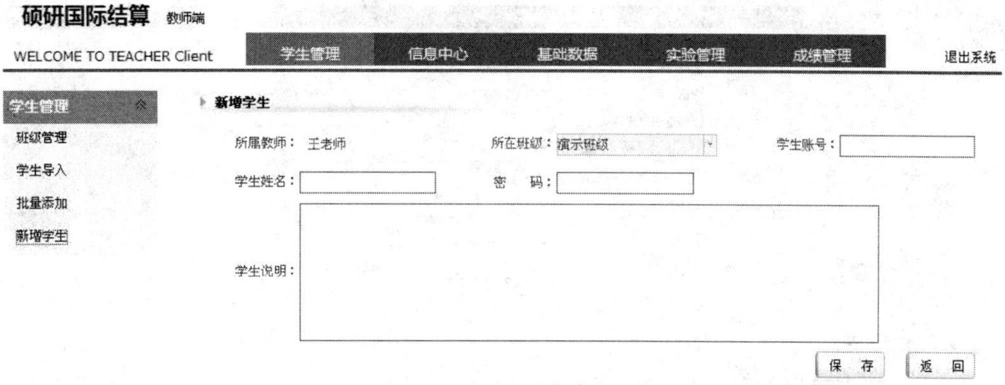

图［2-18］

2.3.3　信息中心

主要为个人设定。

功能：设定教师的信息。见图［2-19］。

操作步骤：

点击“信息中心”→“个人设定”，则进入信息操作界面。

在个人设定画面，录入教师的相关信息，点击“保存”。

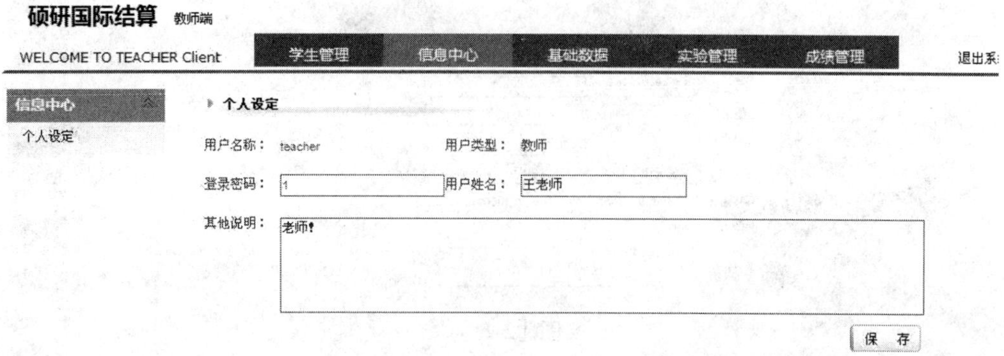

图［2-19］

2.3.4 基础数据

2.3.4.1 公司库

功能：查询可用的某个公司的详细信息。见图［2-20］。

操作步骤：

点击“基础数据”→“公司库”，则进入信息操作界面。

点击“查看”，则弹出该公司的详细信息界面。

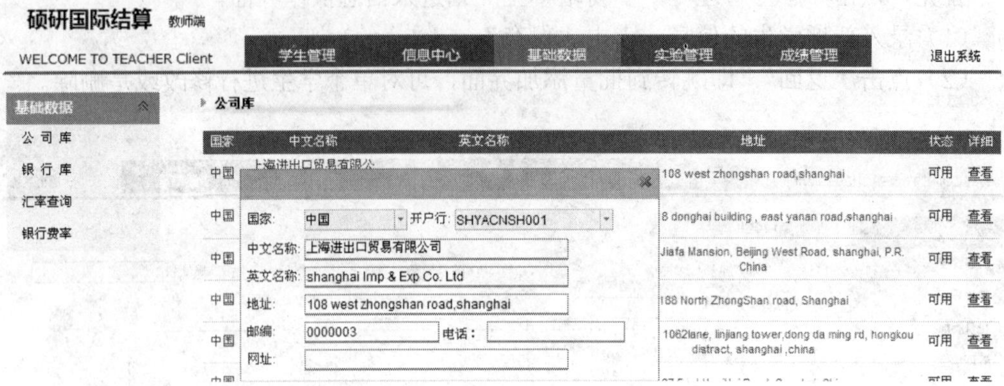

图［2-20］

2.3.4.2 银行库

功能：查询可用的某个银行的详细信息。见图［2-21］。

操作步骤：

点击“基础数据”→“银行库”，则进入信息操作界面。

点击“查看”，则弹出该银行的详细信息界面。

图［2-21］

2.3.4.3 汇率查询

功能：查询可用的某个汇率的详细信息。见图［2-22］。

操作步骤：

点击“基础数据”→“汇率查询”，则进入信息操作界面。

点击“查看”，则弹出该汇率的详细信息界面。

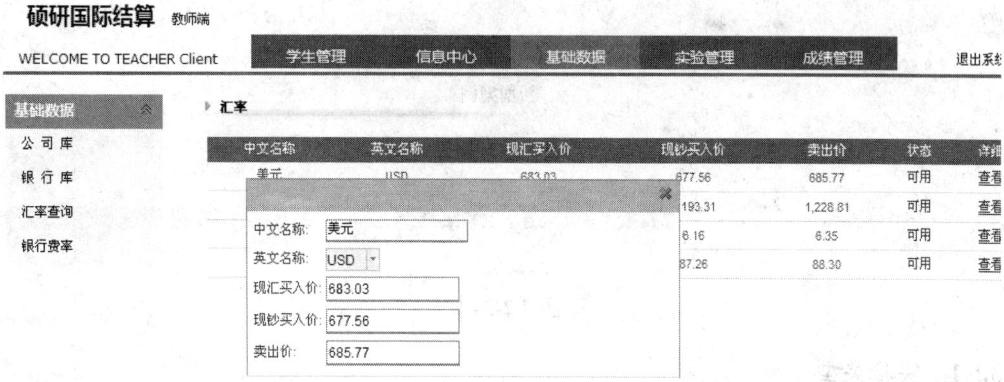

图［2-22］

2.3.4.4　银行费率

功能：查询可用的某个费率的详细信息。见图［2-23］。

操作步骤：

点击“基础数据”→“银行费率”，则进入信息操作界面。

点击“查看”，则弹出该银行费率的详细信息界面。

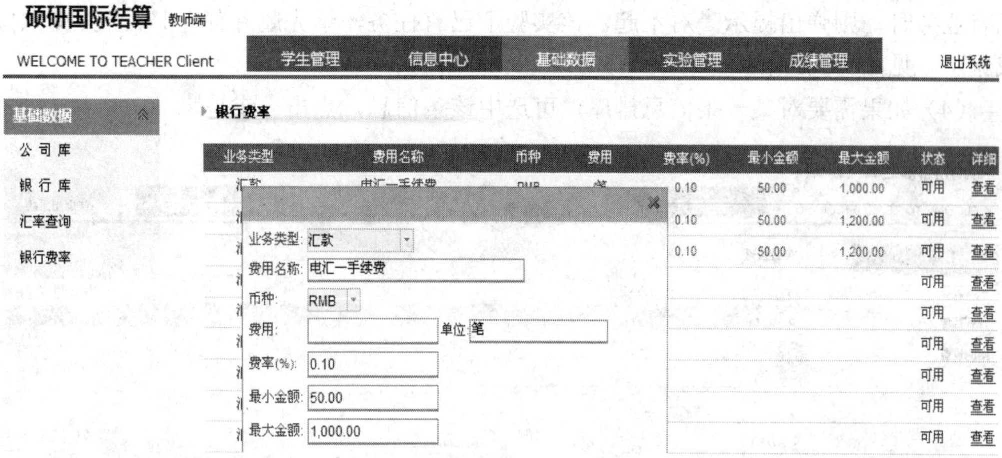

图［2-23］

2.3.5　实验管理

实验管理下功能分为四种：实验类型、业务管理、案例管理、答案设置（升级功能）。案例设置流程见图［2-24］。

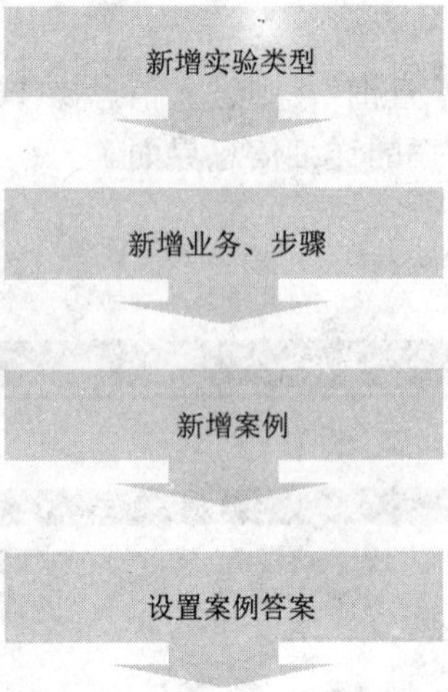

图［2-24］

2.3.5.1　实验类型

功能：实验类型信息的新增、删除、修改、排序。见图［2-25］。

操作步骤：

首先，点击“实验管理”→“实验管理”，则进入信息操作界面。

（1）点击界面上方的“新增实验”，在弹出的信息界面填写新增实验的信息，点击“保存”。若不保存此次信息，则点击“取消”。

（2）如果需要修改某一条信息，可选中该条信息，点击 ，弹出的界面类同示图［2-25］，修改对应信息后，点击“保存”。若放弃此次修改，则点击“取消”。

（3）如果需要删除某一条信息，可选中该条信息，点击 图标。当该实验类型下面已有业务时，则弹出提示“对不起，该实验下已有任务，请先删除任务！”；反之，则完成删除。见图［2-26］。

（4）如果需要对某一条信息排序，可选中该条信息，点击 或是 。

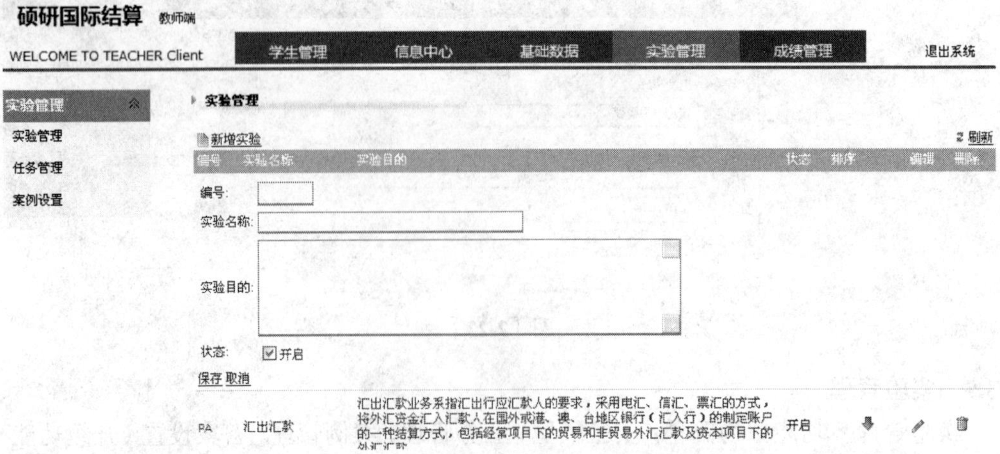

图［2-25］

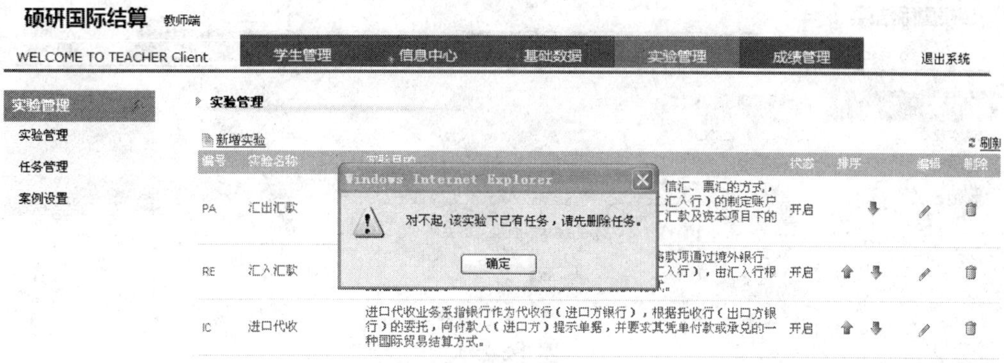

图［2-26］

2.3.5.2　业务管理

功能：对某个实验类型的业务信息的新增、删除、修改、排序，以及对单个业务设置匹配的步骤信息。

操作步骤：

首先，点击“实验管理”→“任务管理”，则进入信息操作界面。

（1）点击界面左上方的“添加任务”在弹出的信息界面填写新增业务的信息，点击“保存”。若不保存此次信息，则点击“取消”。见图［2-27］。

（2）点击界面右上方的“添加业务”，跳出选择匹配的步骤的信息，点击“保存”。若不保存此次信息，则点击“关闭”。见图［2-29］。

（3）如果需要修改某一条业务信息，可选中该条信息，点击，弹出的界面类同示图［2-27］，修改对应信息后，点击“保存”。若放弃此次修改，则点击“取消”。

（4）如果需要修改某一条步骤信息，可选中该条信息，点击，跳出的界面类同示图［2-29］，修改对应信息后，点击“保存”。若放弃此次修改，则点击关闭“关闭”。

（5）如果需要删除某一条业务信息，可选中该条信息，点击图标。当该业务下面已有步骤时，则弹出提示“对不起，该任务下已有业务，请先删除业务！”；反之，则完成删除。见图［2-28］。

（6）如果需要删除某一条步骤信息，可选中该条信息，点击图标。

（7）如果需要对某一条信息排序，可选中该条信息，点击或是。

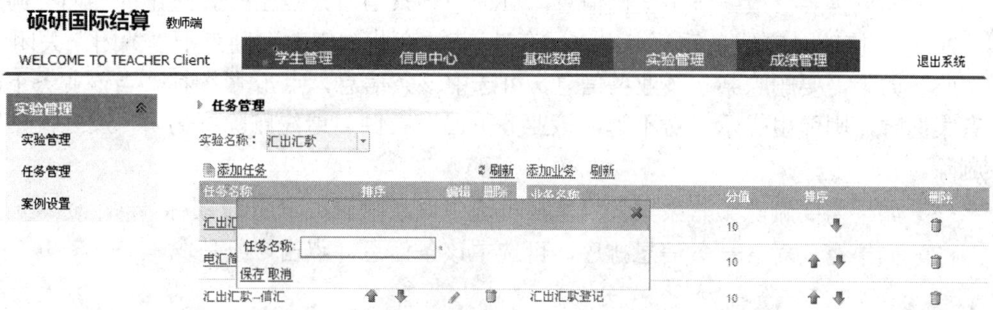

图［2-27］

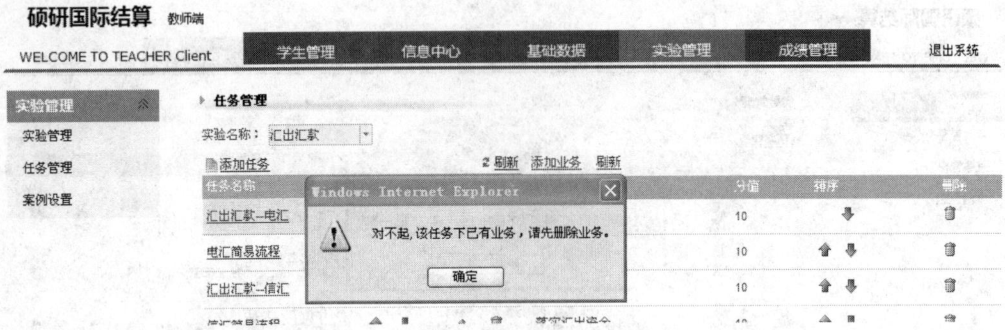

图［2-28］

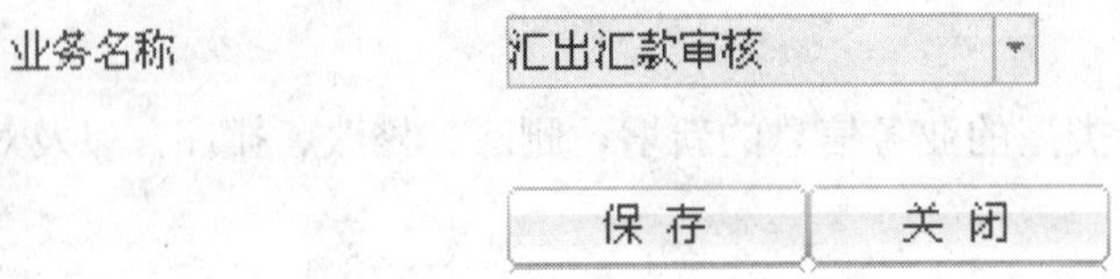

图［2-29］

2.3.5.3 案例设置

功能：对某个实验类型的业务信息、案例信息的新增、删除、修改、排序。

操作步骤：

首先，点击“实验管理”→“案例设置”，则进入信息操作界面。

（1）点击界面左上方的“添加业务”，在弹出的信息界面填写新增业务的信息，点击“保存”；若不保存此次信息，则点击“取消”。见图［2-30］。

（2）点击界面右上方的“添加案例”，在弹出的信息界面填写新增案例的信息，点击“保存”；若不保存此次信息，则点击“取消”。见图［2-31］。

（3）如果需要修改某一条业务信息，可选中该条信息，点击，弹出的界面类同示图［2-30］，修改对应信息后，点击“保存”。若放弃此次修改，则点击“取消”。

（4）如果需要修改某一条案例信息，可选中该条信息，点击，跳出的界面类同示图［2-31］，修改对应信息后，点击“保存”。若放弃此次修改，则点击“关闭”关闭。

（5）如果需要删除某一条业务信息，可选中该条信息，点击图标。当该业务下面已有案例时，则弹出提示“对不起，该业务下已有案例，请先删除案例”!；反之，则完成删除。

（6）如果需要删除某一条案例信息，可选中该条信息，点击图标。

（7）如果需要对某一条信息排序，可选中该条信息，点击或是。

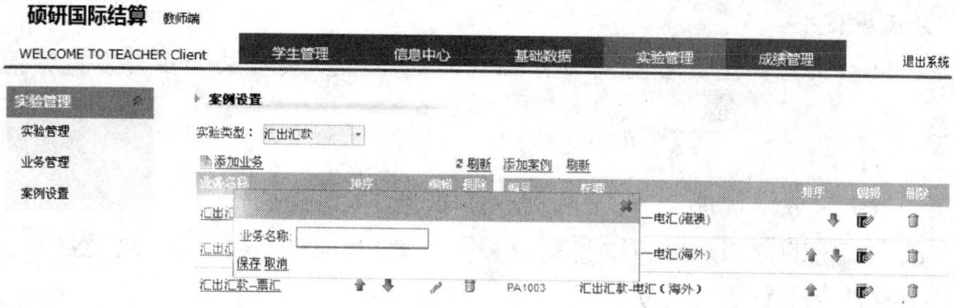

图［2-30］

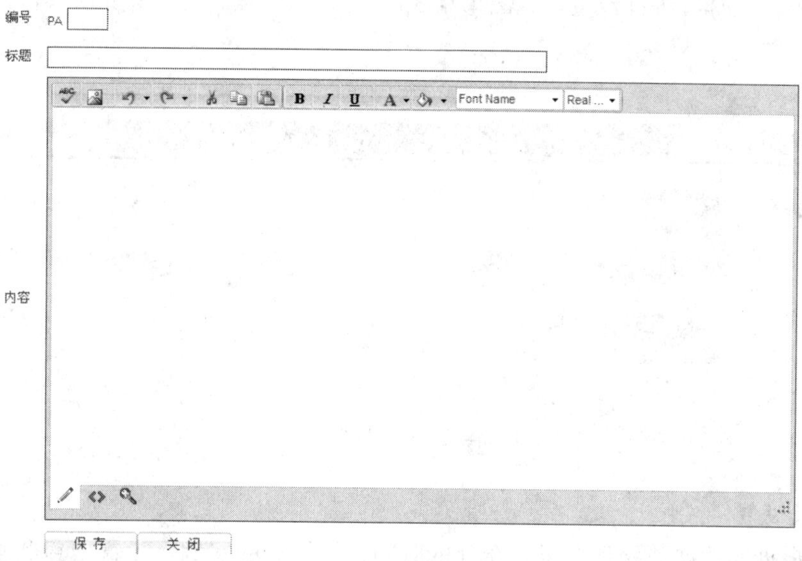

图［2-31］

2.3.6　成绩管理

成绩管理可分为分值操作和查询操作两部分。分值操作包括分值设定、批改设置、成绩管理、实验监控，见图［2-32］；查询包括文档查询和业务查询。

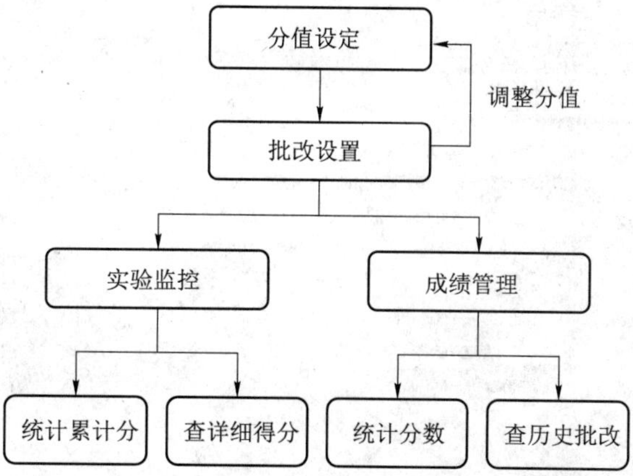

图［2-32］

2.3.6.1 分值设定

功能：根据实验类型、业务可以查询对应的步骤以及对某个步骤设置分值。见图［2-33］。

操作步骤：

首先，点击“成绩管理”→“分值设定”，则进入信息操作界面。

（1）改变实验的选项，则自动更新业务下拉框和步骤列表信息；改变业务下拉框的信息，则步骤列表跟着自动更新。

（2）如果需要设置某一条步骤的分数，可选中该条信息，点击，则对应的分数项变为可输入框，此时可进行设置，见图［2-33］，点击保存。若放弃此次操作，则点击。

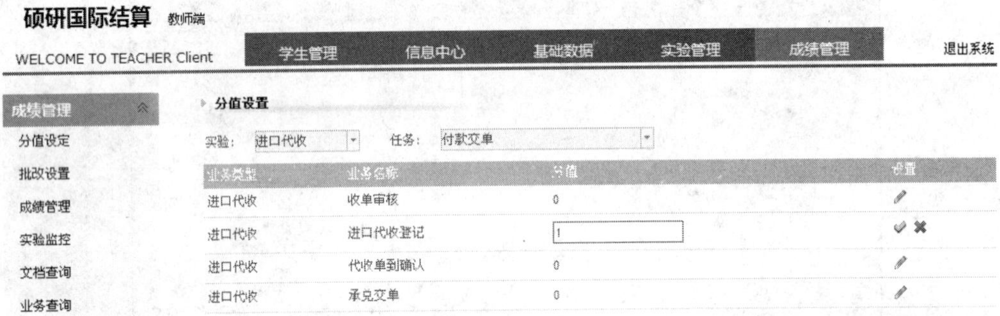

图［2-33］

2.3.6.2 批改设置

功能：根据案例次数统计要求、统计的时间、要统计的案例，设置一套批改规则。还可根据具体分数要求对案例的步骤分数进行调整。见图［2-34］。

图［2-34］

首先，点击“成绩管理”→“批改设置”，则进入信息操作界面。

（1）根据需要可对案例次数统计要求、统计的时间选择以及要统计的案例进行确认选择，此时点击“保存”。

（2）如果需要调整某一条案例的分数，可选中该条信息，点击“调整”，弹出的界面类同示图［2-35］，调整操作如“分值设定”部分。

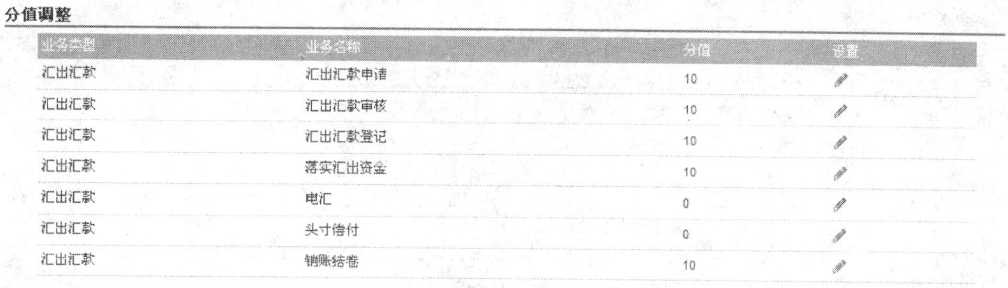

分值调整

业务类型	业务名称	分值	设置
汇出汇款	汇出汇款申请	10	
汇出汇款	汇出汇款审核	10	
汇出汇款	汇出汇款登记	10	
汇出汇款	落实汇出资金	10	
汇出汇款	电汇	0	
汇出汇款	头寸借付	0	
汇出汇款	销账结卷	10	

图［2-35］

2.3.6.3　成绩管理

功能：对某个班级下的所有学生按照老师设定的1～7次范围内的批改规则进行分数统计；可看老师设置过的所有批改规则的详细。见图［2-36］。

图［2-36］

首先，点击“成绩管理”→“成绩管理”，则进入信息操作界面。

（1）选中某个班级，点击“成绩计算”则跳出界面见图［2-36］，点击“确定”，则对此班级所有学生按照批改规则进行分数统计。

（2）如果要查看老师设置的所有批改规则信息，则点击“查看历史批改”，跳出界面，见图［2-37］。

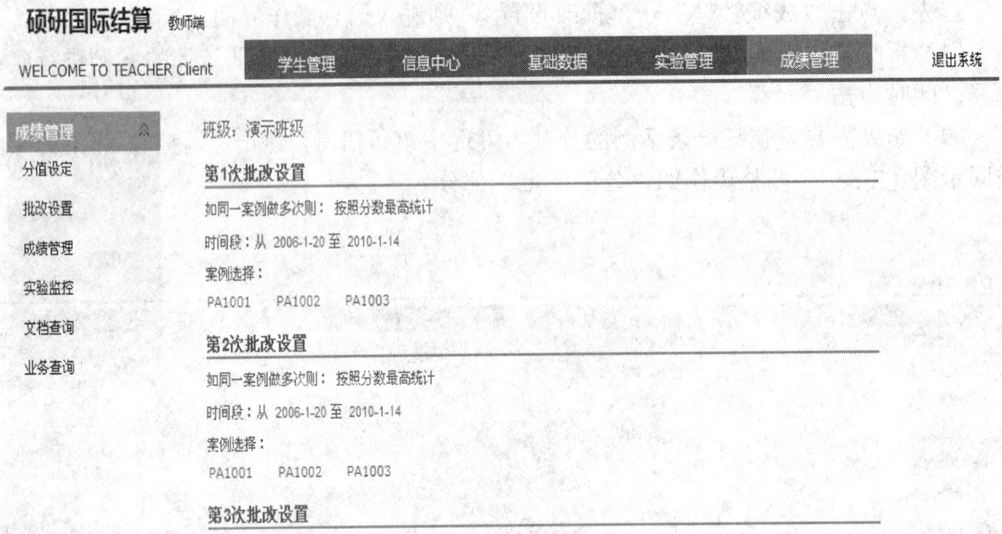

图［2-37］

2.3.6.4 实验监控

功能：对某个班级下的所有学生按照批改规则进行总分（累计分）统计；可查看某个学生的实验详细得分情况。见图［2-38］。

图［2-38］

首先，点击“成绩管理”→“实验监控”，则进入信息操作界面。

（1）选中某个班级，点击“成绩计算”则跳出界面见图［2-38］，则对此班级所有学生按照批改规则进行总分统计。

（2）如果要查看某个学生的实验详细得分情况，则点击“查询详情”，跳出界面，见图［2-39］；此页面可根据实验类型对业务和步骤进行筛选。

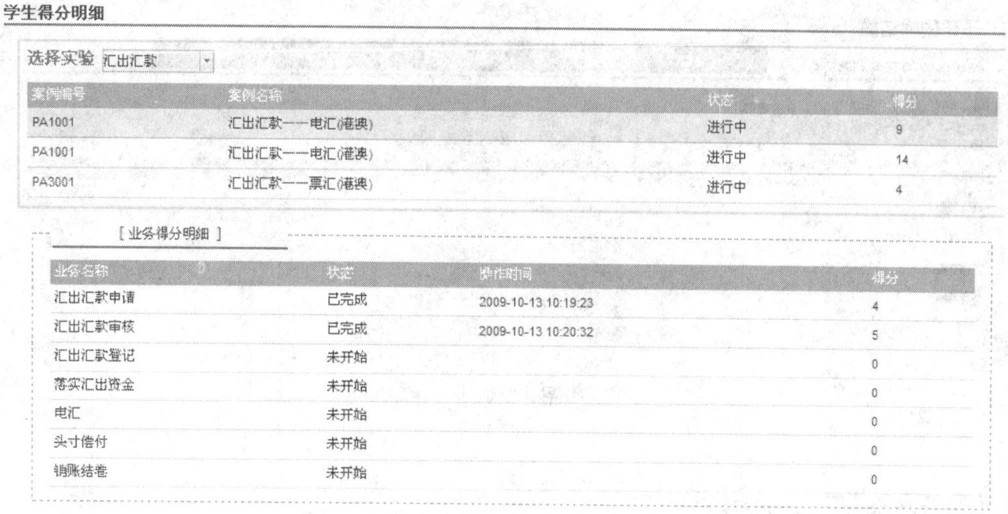

图［2-39］

2.3.6.5　文档查询

功能：根据班级、业务、文档类型、时间段查询满足条件的学生所做的文档信息列表以及某个文档的具体信息。见图［2-40］。

首先，点击“成绩管理”→“文档查询”，则进入信息操作界面。

（1）选中班级、业务、文档类型、时间段，点击“查询”，则下方列表显示满足条件的文档信息，见图［2-40］。

（2）如果要查看某个文档的详细信息，则点击“查看”，跳出对应的文档界面。

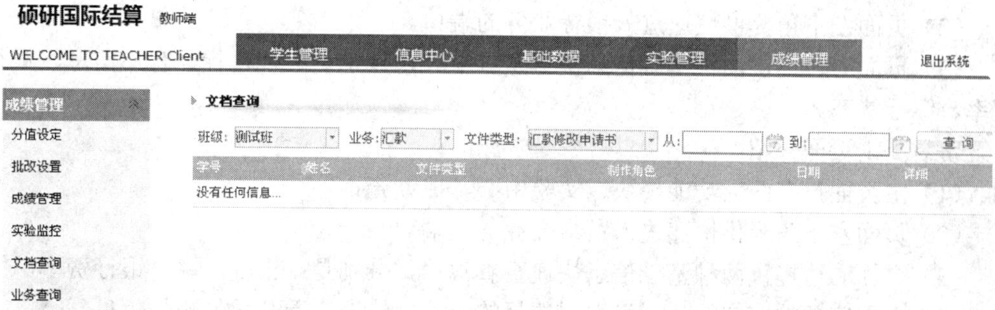

图［2-40］

2.3.6.6　业务查询

功能：根据班级、业务、步骤、时间段查询满足条件的学生所做的实验步骤信息以及某个步骤的具体信息。见图［2-41］。

首先，点击“成绩管理”→“业务查询”，则进入信息操作界面。

（1）选中班级、业务、步骤、时间段，点击“查询”，则下方列表显示满足条件的实验步骤信息，见图［2-41］。

（2）如果要查看某个步骤的详细信息，则点击“查看”，跳出对应的步骤信息界面。

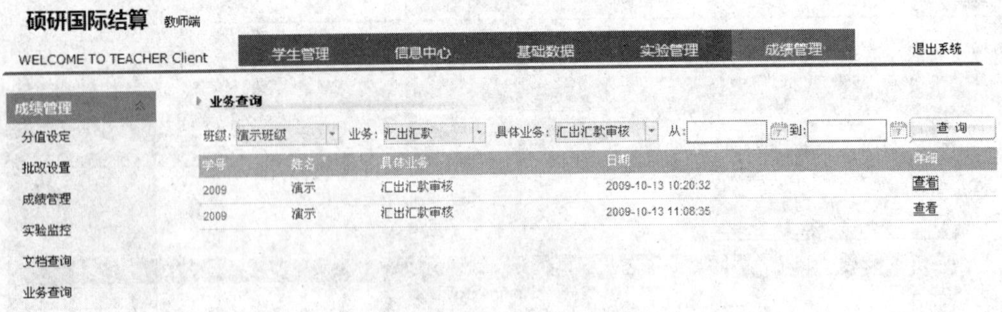

图［2-41］

3 学生实际应用篇

3.1 操作画面简介

3.1.1 学生登录

学生登录，用户名：学生学号；初始密码：111111。见图［2-4］。

3.1.2 主页面简介

学生端通过角色类别分为银行和贸易商。

银行主页面介绍：

（1）主页面设有四大功能模块：实验中心、档案中心、综合管理、成绩查询。

（2）页面左下角提供快速进入银行业务的端口。

（3）页面右边提供四种基础信息快速查看端口，分别是：代理行、客户信息、银行汇率、银行费率。

贸易商主页面介绍：

（1）主页面设有两大功能模块：实验中心、成绩查询。

（2）页面左下角提供快速进入贸易商业务的端口。

（3）页面右边提供两种基础信息快速查看端口，分别是：银行汇率、银行费率。

（4）页面底部的客户信息，可根据选择的公司，快速查看公司的账号信息。

3.1.2.1 银行入口的主页面设有四个功能模块

3.1.2.1.1 实验中心

功能：系统提供 8 种实验类型包括：汇出汇款、汇入汇款、进口代收、出口跟单托收、光票托收、进口信用证、出口信用证、保函。每个类型下的功能包括实验任务、实务图解、业务介绍、相关凭证及进入实验。见图［2-42］。

操作步骤：

首先，用学生账号登录银行入口，点击“实验中心”，见图［2-43］，选择一种实验（即点击一种实验名称），则进入信息操作界面，见图［2-44］。

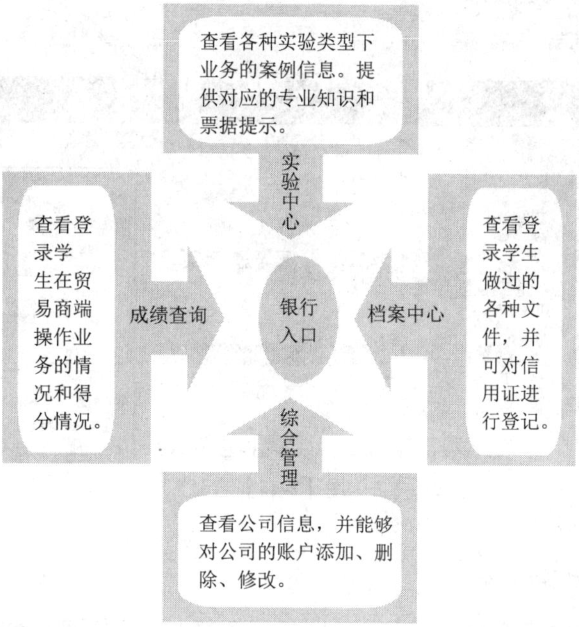

图［2-42］

（1）点击“实验任务”，见图［2-45］，选择任何一条左边的业务，则右边的列表显示出对应的案例信息；点击“查看步骤”可以看到此业务对应的操作步骤；点击“查看”，则跳出当前案例的详细信息页面。

（2）以汇出汇款实验类型为例，点击“实务图解”，见图［2-46］。

（3）以汇出汇款实验类型为例，点击“业务介绍”，见图［2-47］。

（4）以汇出汇款实验类型为例，点击“相关凭证”，见图［2-48］。

（5）点击“进入实验”，则进入银行入口业务主界面，见图［2-49］。

图［2-43］

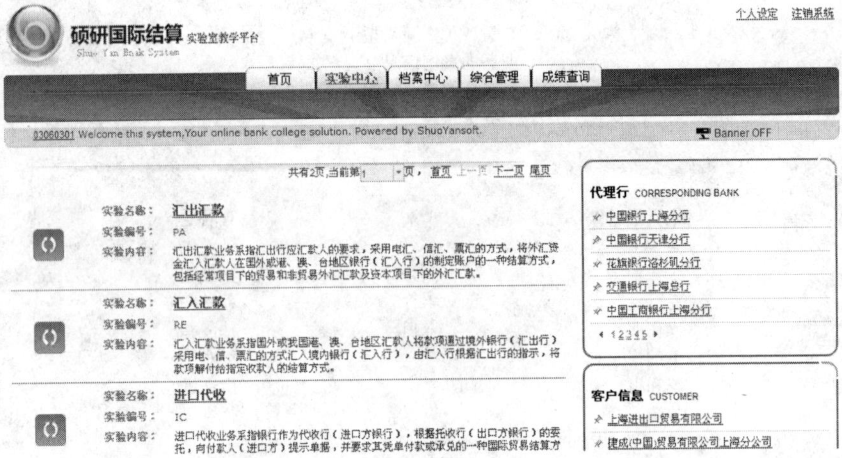

图［2-44］

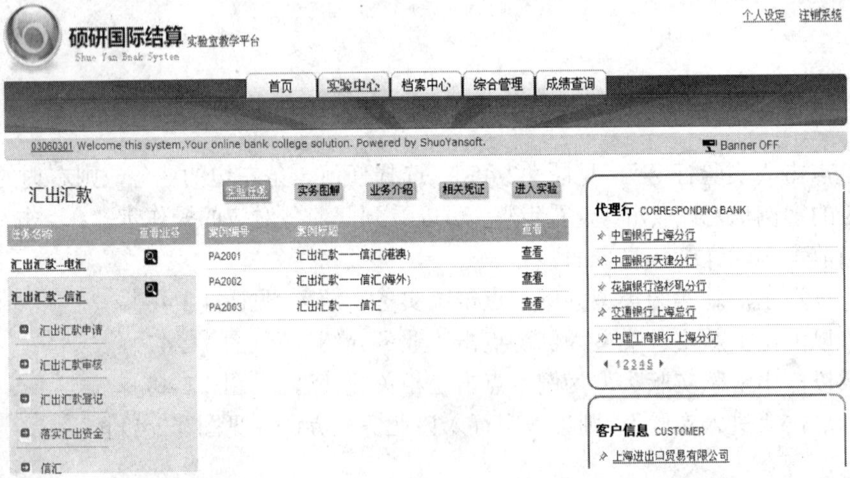

图［2-45］

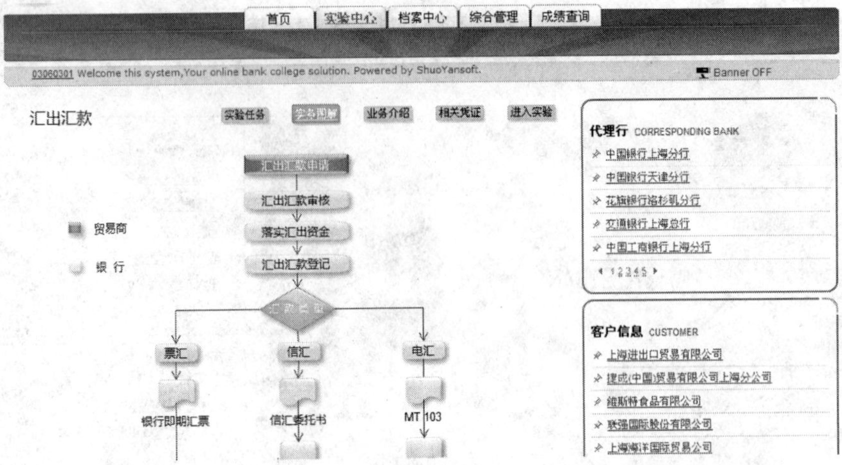

图［2-46］

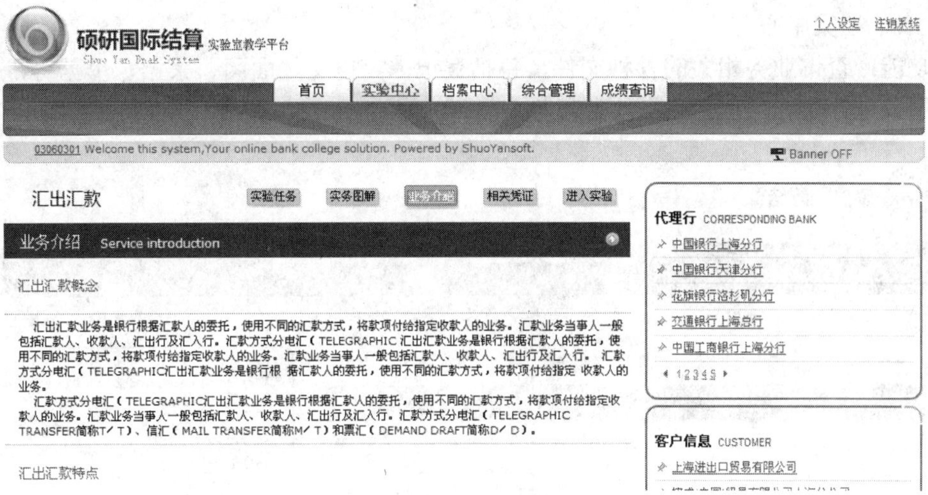

图［2-47］

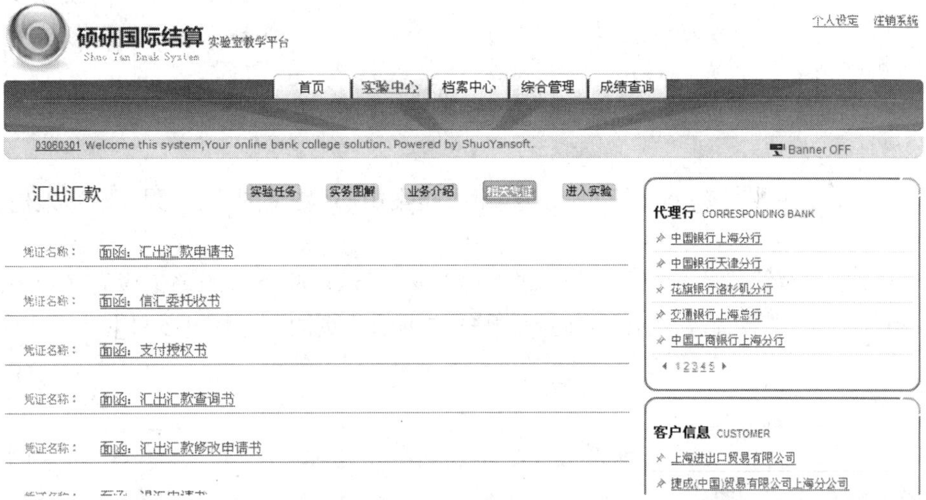

图［2-48］

图［2-49］

3.1.2.1.2 档案中心

功能：查询业务相关的各种文件，包括登记簿、电文、面函、票据、单据等，并可对信用证进行登记操作。见图［2-50］。

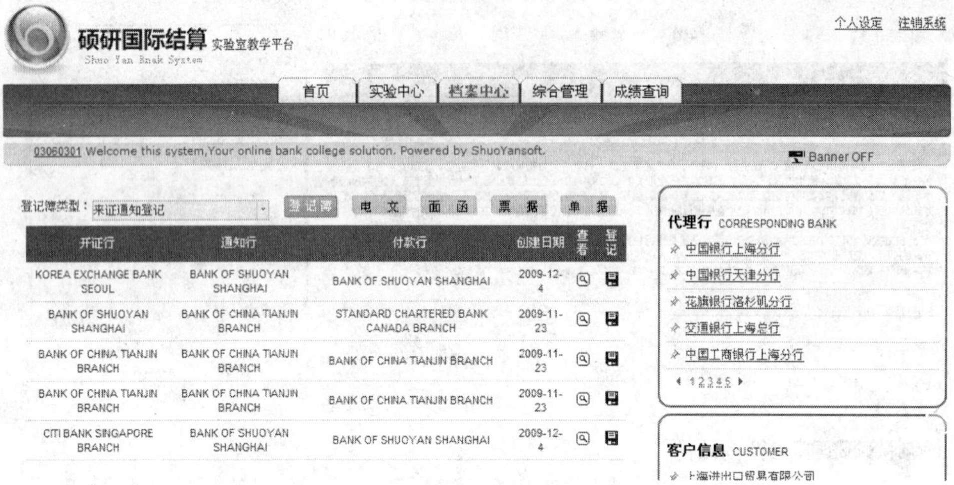

图［2-50］

操作步骤：

首先，用学生账号登录银行入口，点击“档案中心”，见图［2-50］，则进入信息操作界面。

（1）点击“登记簿”，选择“登记簿类型”，则显示对应类型的登记簿信息列表，见图［2-50］，点击“查看”，跳出当前登记簿的详细信息页面，见图［2-51］。

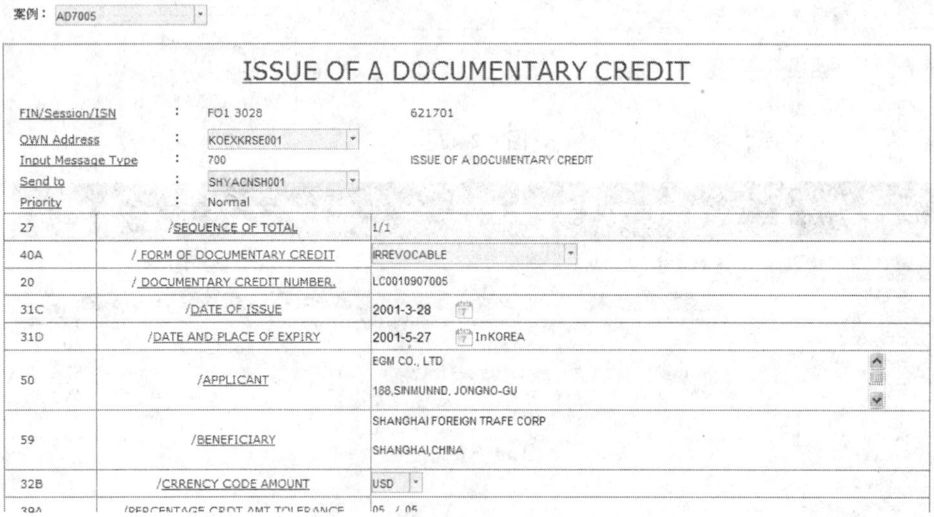

图［2-51］

（2）如果要对某一条登记簿信息进行登记，点击“登记”，在跳出的页面填写登记信息，点击“保存”。见图［2-52］。

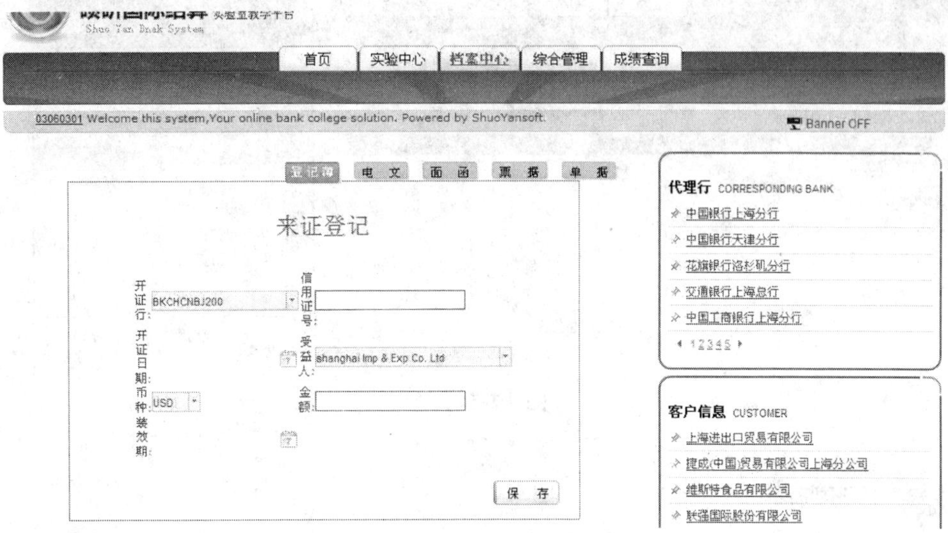

图［2-52］

（3）点击“电文”，选择“电文类型”，则显示对应类型的电文信息列表，见图［2-53］，点击“查看”，跳出当前电文的详细信息页面。

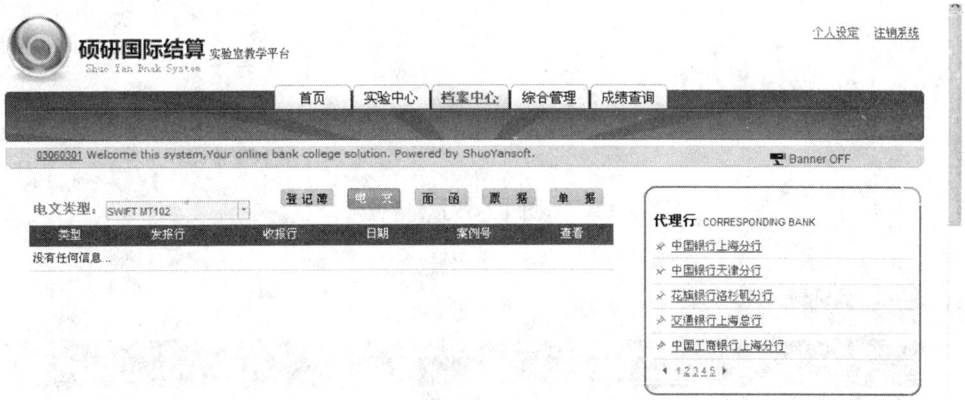

图［2-53］

（4）点击“面函”，选择“面函类型”，则显示对应类型的面函信息列表，见图［2-54］，点击“查看”，跳出当前面函的详细信息页面。

（5）点击“票据”，选择“票据类型”，则显示对应类型的票据信息列表，见图［2-55］，点击“查看”，跳出当前票据的详细信息页面。

（6）点击“单据”，选择“单据类型”，则显示对应类型的单据信息列表，见图［2-56］，点击“查看”，跳出当前单据的详细信息页面。

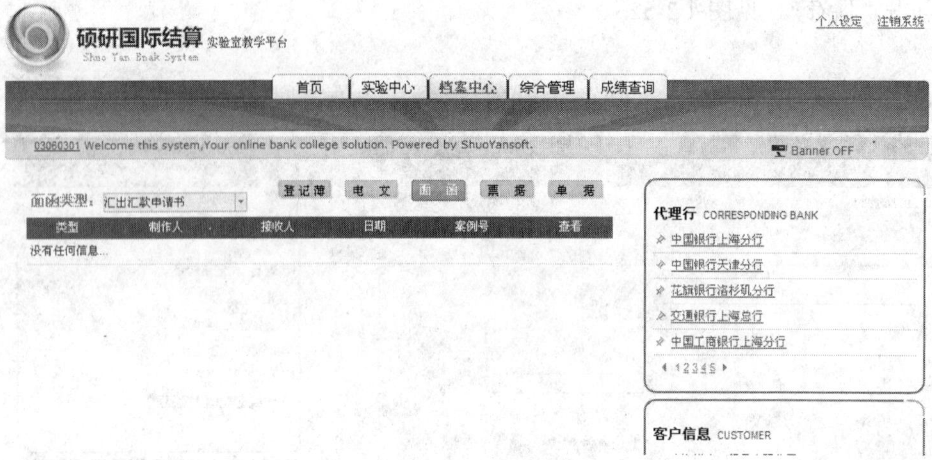

图［2-54］

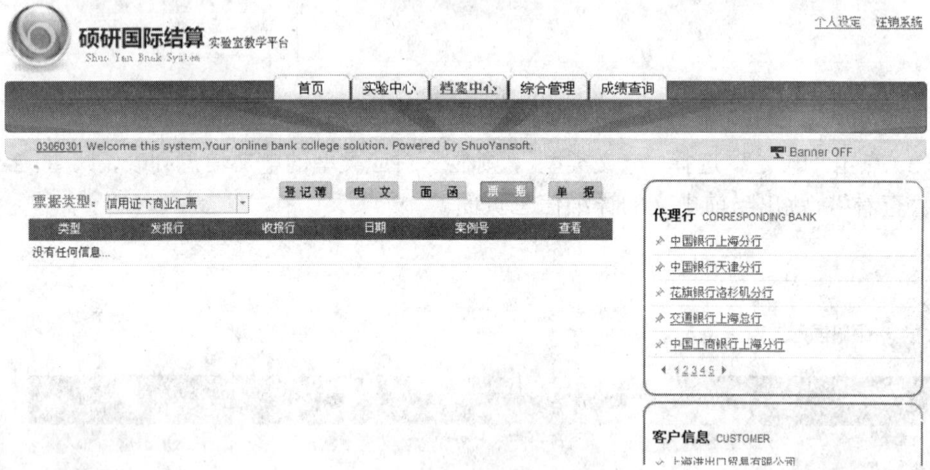

图［2-55］

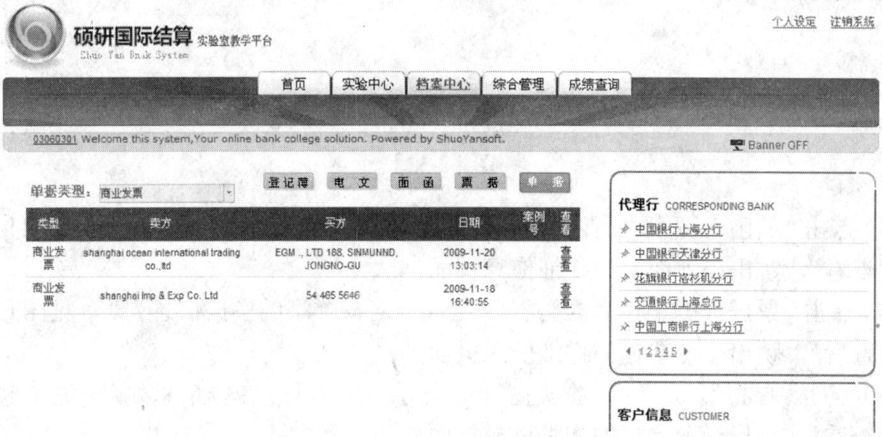

图［2-56］

3.1.2.1.3　综合管理

功能：查询客户、代理行、汇率、银行费率等信息，并可对客户添加、删除、修改银行账户。见图［2-57］。

操作步骤：

首先，用学生账号登录银行入口，点击“综合管理”，见图［2-57］，则进入信息操作界面。

（1）点击“客户”，则显示客户信息列表，点击“查看”，则弹出当前客户的详细信息页面，见图［2-57］。

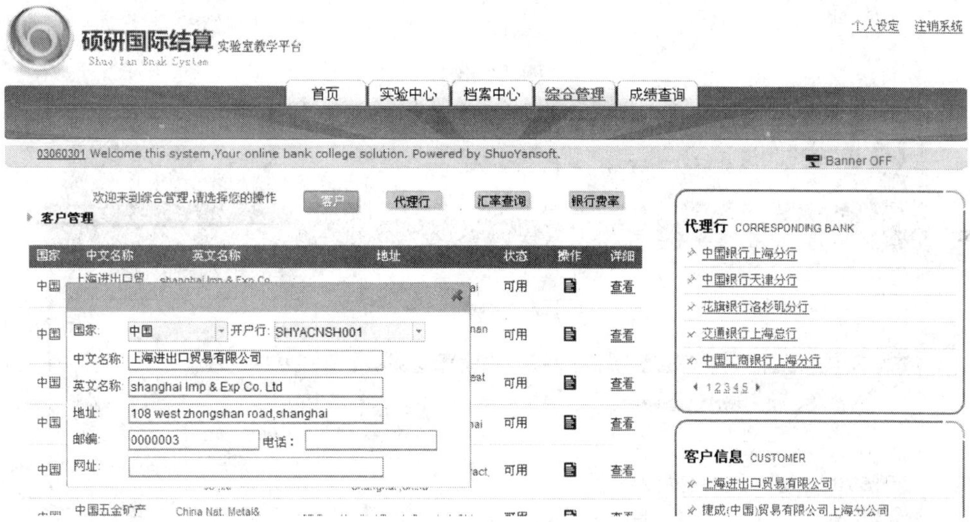

图［2-57］

（2）如果要对某个客户建立银行账号，则点击，跳转到对应的操作界面，见图［2-58］。点击页面上方的“新增账号”，在弹出的页面填写新增账号的信息，点击“保存”；若放弃此次操作，则点击“取消”。

（3）如果要修改某条银行账号信息，则点击，在弹出的页面修改信息后，点击“保存”；若放弃此次操作，则点击“取消”，见图［2-58］。

（4）如果需要删除某一条账号信息，可选中该条信息，点击图标，见图［2-58］。

（5）点击“代理行”，则显示代理行信息列表，点击“查看”，则弹出当前代理行的详细信息页面，见图［2-59］。

（6）点击“汇率查询”，则显示汇率信息列表，点击“查看”，则弹出当前汇率的详细信息页面，见图［2-60］。

（7）点击“银行费率”，则显示银行费率信息列表，点击“查看”，则弹出当前银行费率的详细信息页面，见图［2-61］。

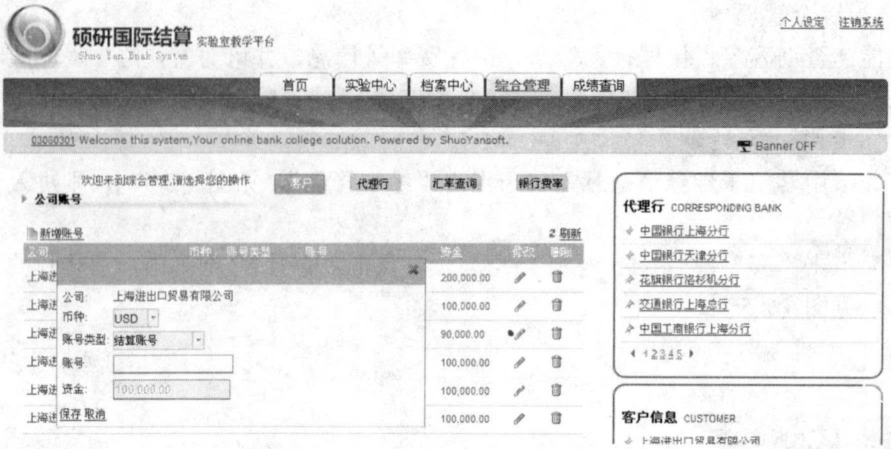

图［2-58］

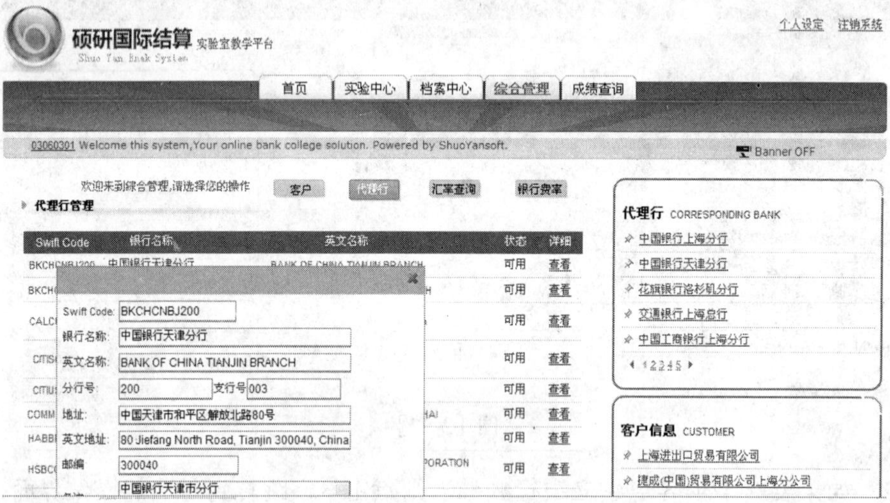

图［2-59］

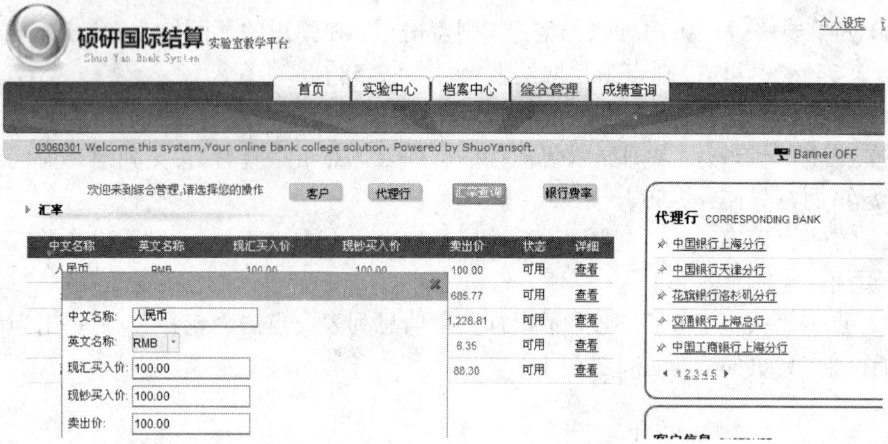

图［2-60］

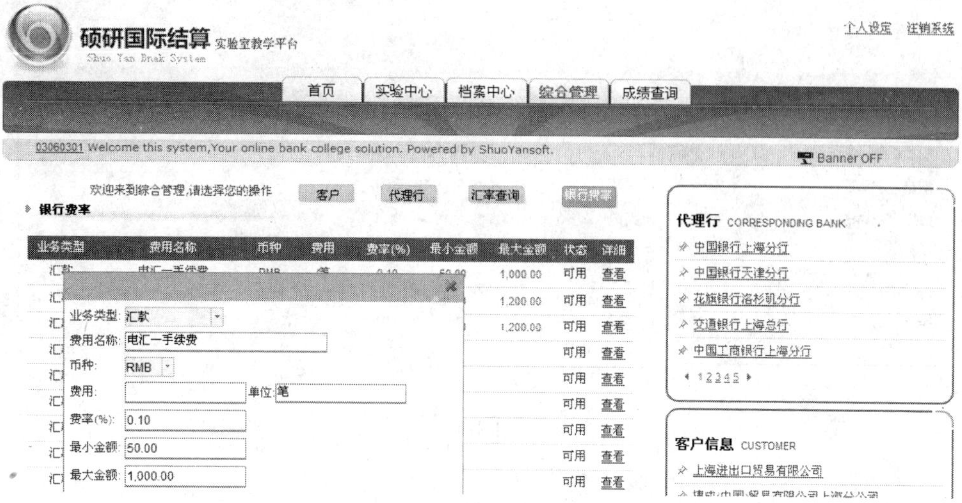

图［2-61］

3.1.2.1.4　成绩查询

功能：查询当前登录学生的案例成绩以及案例步骤的正确与否。见图［2-62］。

操作步骤：

首先，用学生账号登录银行入口，点击“成绩查询”，见图［2-62］，则进入信息操作界面。

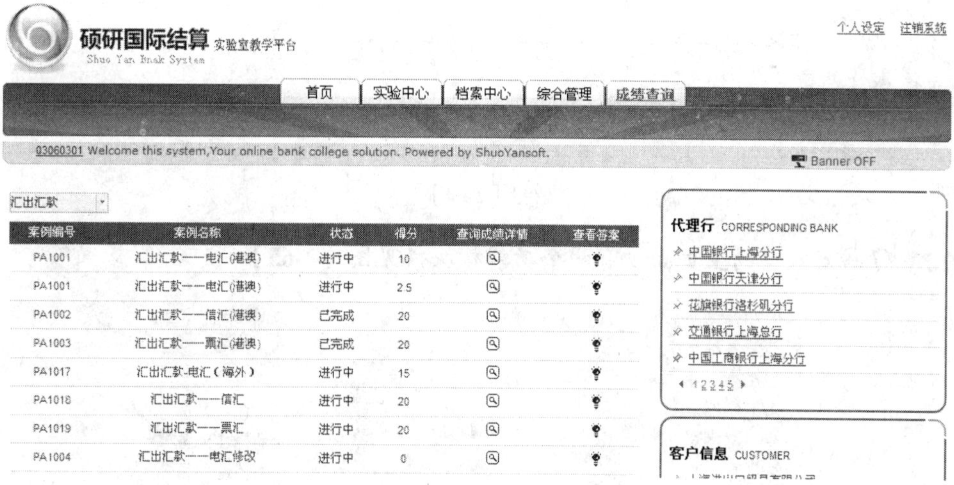

图［2-62］

（1）选择实验类型，则列表显示对应类型的文档信息，点击，则跳出当前案例的成绩详情页面。见图［2-63］。

（2）如果要查看步骤的正确与否，则点击，会跳出当前案例的步骤判断页面。见图［2-64］。

查看成绩详情

业务名称	状态	操作时间	得分
汇款修改申请	未开始		0
汇出汇款登记	已完成	2009-9-18 11:07:40	0
汇出汇款审核	已完成	2009-9-18 10:56:21	10
落实汇出资金	已完成	2009-9-18 11:06:01	0
电汇	已完成	2009-9-18 11:16:06	0
头寸偿付	已完成	2009-9-18 11:17:08	0
销账结卷	已完成	2009-9-18 11:18:01	0

图［2-63］

查看答案

业务：汇款修改申请

业务：汇出汇款登记

业务：汇出汇款审核

单据名称：汇出汇款申请书
错误部分：无

业务：落实汇出资金

单据名称：落实汇出资金
错误部分：汇款付汇方式 售汇折算额

业务：电汇

业务：头寸偿付

业务：销账结卷

图［2-64］

3.1.2.2 贸易商入口的主页面设有两个功能模块，见图［2-65］。

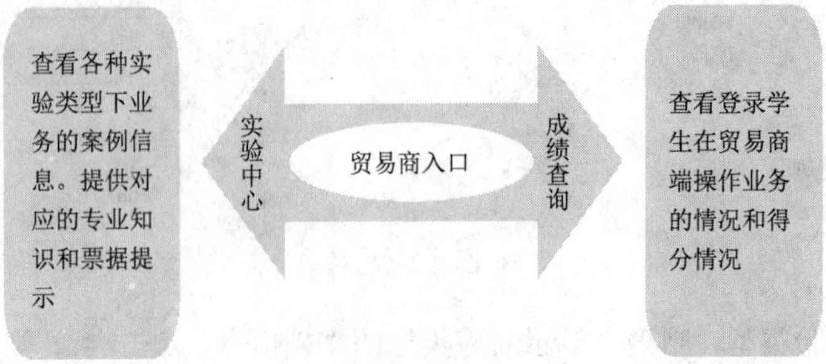
查看各种实验类型下业务的案例信息。提供对应的专业知识和票据提示
实验中心
贸易商入口
成绩查询
查看登录学生在贸易商端操作业务的情况和得分情况

图［2-65］

3.1.2.2.1 实验中心

功能、操作步骤同“银行端入口”部分。

3.1.2.2.2 成绩管理

功能、操作步骤同“银行端入口”部分。

3.1.2.3 银行入口的业务模块图

3.1.2.3.1 总模块图，见图［2-66］。

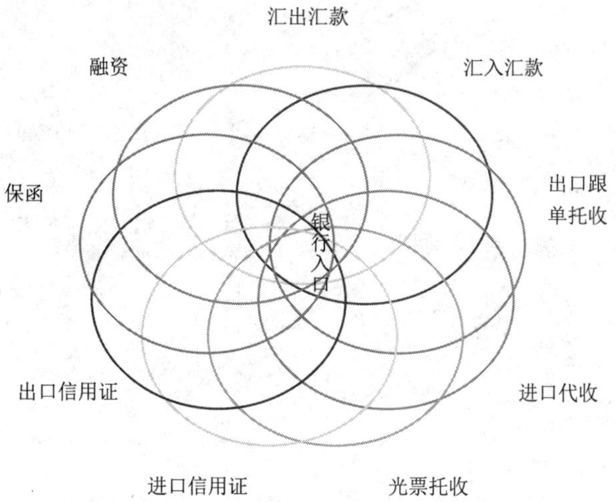

图［2-66］

3.1.2.3.2 分部模块图，见图［2-67］。

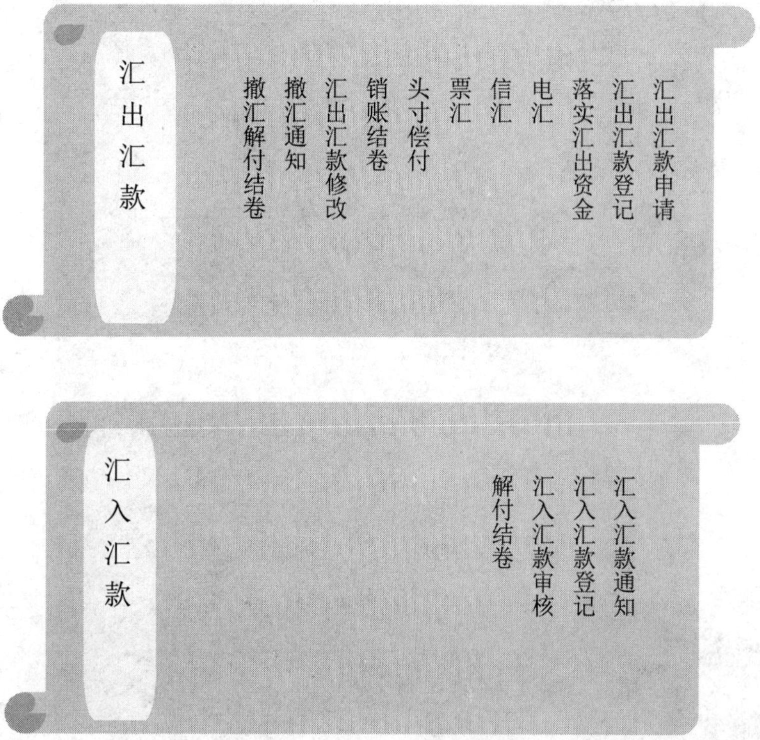

出口跟单托收

- 托收委托审核
- 托收登记
- 托收指示
- 托收修改
- 催收托收款
- 收汇解付结卷

进口代收

- 收单审核
- 进口代收登记
- 代收单确认
- 承兑交单
- 付款交单
- 拒承兑/拒付

光票托收

- 托收委托审核
- 光票托收

进口信用证

- 开证审核
- 开证登记
- 收取保证金
- 开立信用证
- 到单审单
- 来单登记
- 到单通知
- 付款结卷
- 修改信用证
- 承兑
- 拒承兑/拒付

出口信用证

- 来证登记
- 信用证通知
- 出口审单
- 寄单登记
- 寄单索取
- 收汇解付结卷

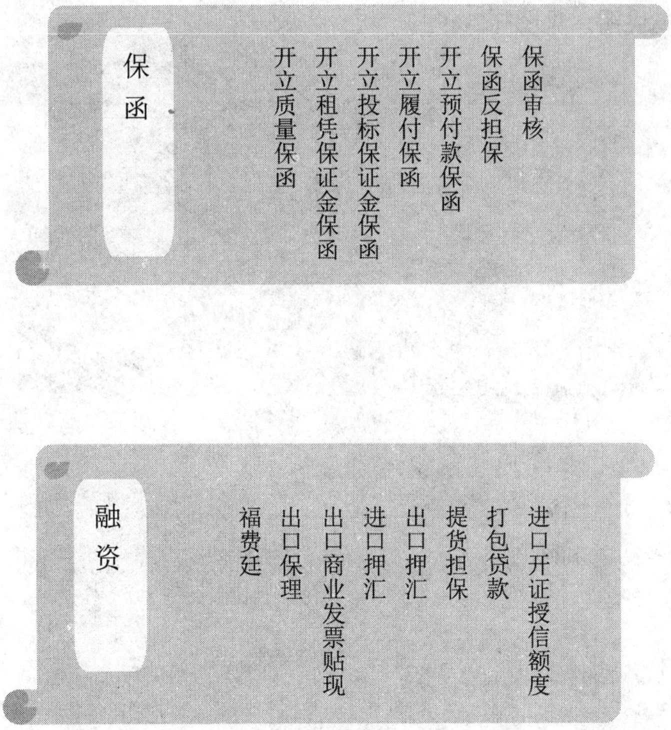

图［2-67］

3.1.2.4　贸易商入口的业务模块图。

3.1.2.4.1　总模块图，见图［2-68］。

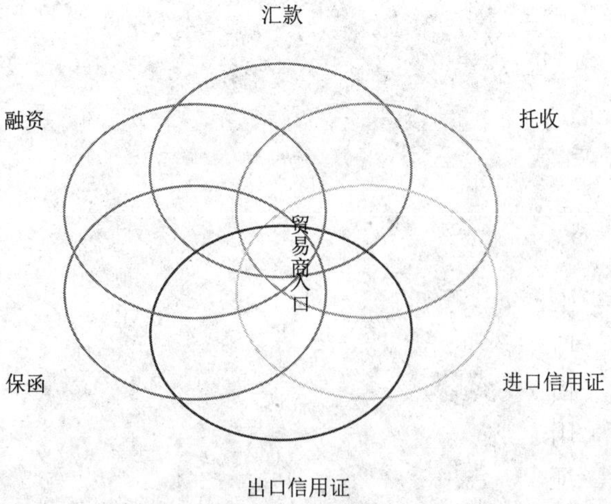

图［2-68］

3.1.2.4.2　部分模块图，见图［2-69］

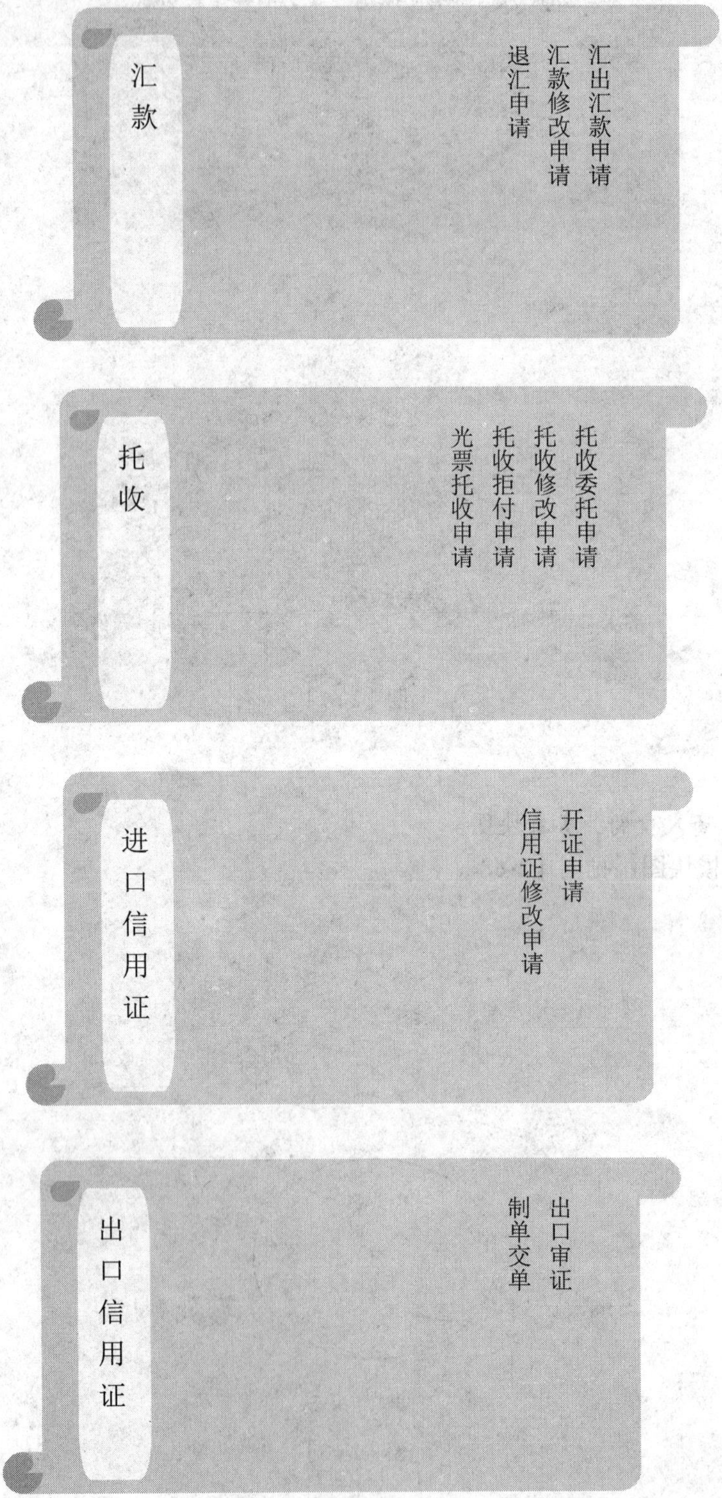

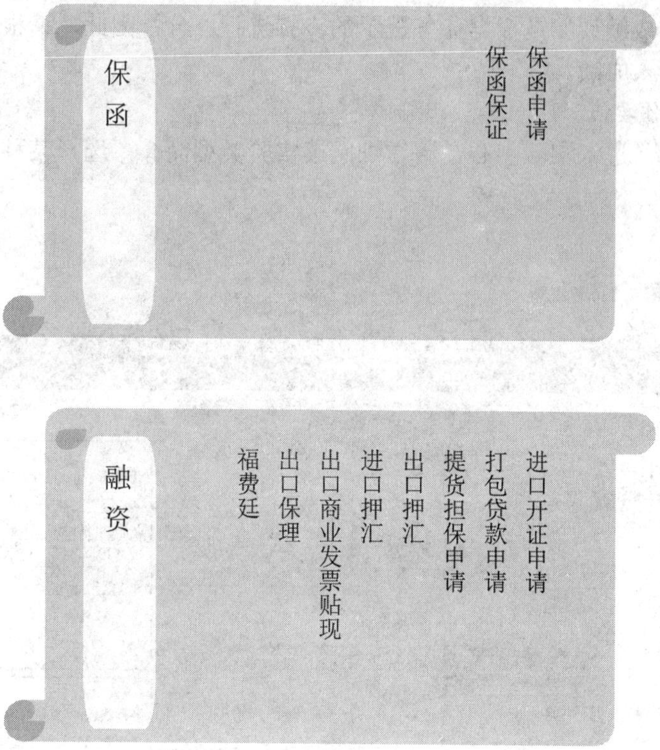

图［2-69］

3.2　操作前准备

3.2.1　实验操作要求

注意：点击按钮或是链接后，未弹出页面的解决办法。

3.2.1.1　实验操作流程图，见图［2-70］。

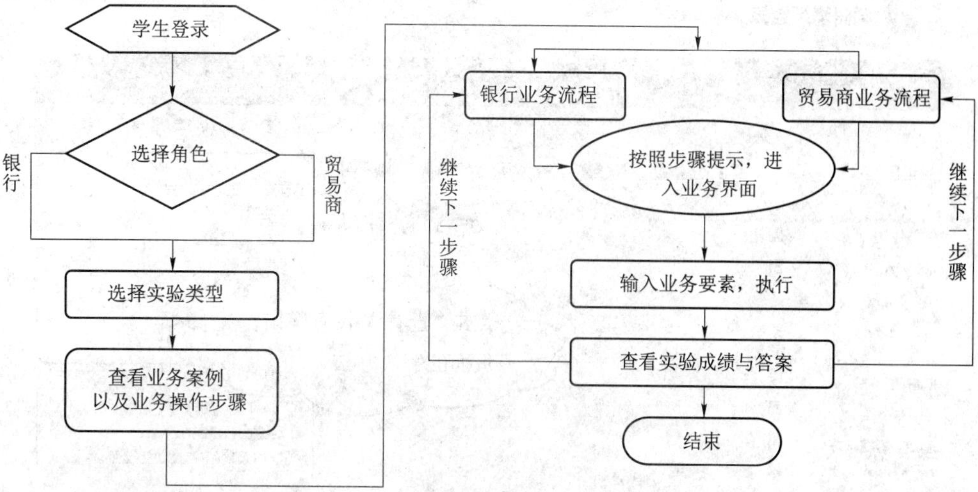

图［2-70］

注意：由于成绩计算是根据业务提示的步骤进行评分，因此，请根据业务步骤进行操作，否则不计入成绩。

3.2.1.2 实验操作要点

（1）登录后，进入实验中心，请详细阅读实验类型简介，选择某种实验类型，见图［2-71］。

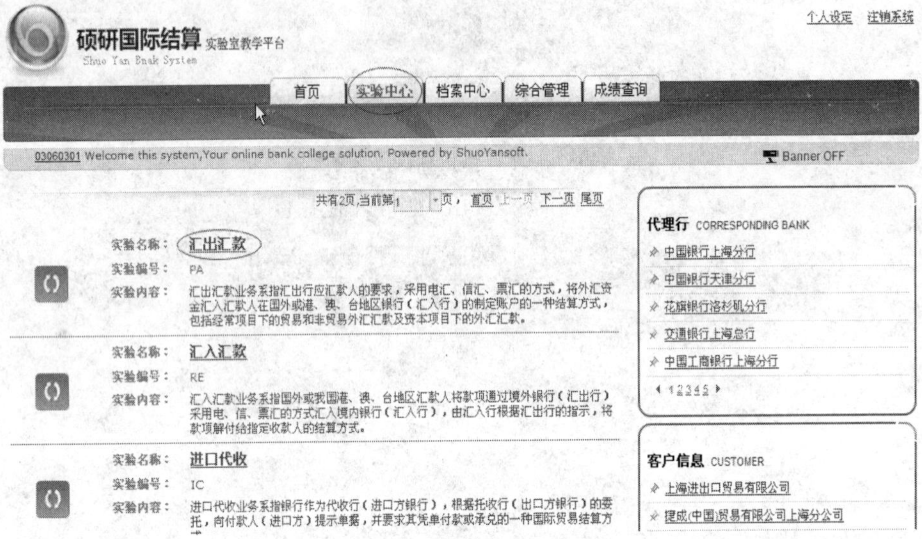

图［2-71］

（2）点击某种业务名称，则页面中间显示对应的案例信息。阅读案例详细信息，点击“查看”。查看业务步骤，点击🔍，见图［2-72］。

注意：请记住要进行实验的某条案例编号，为做业务时做准备。

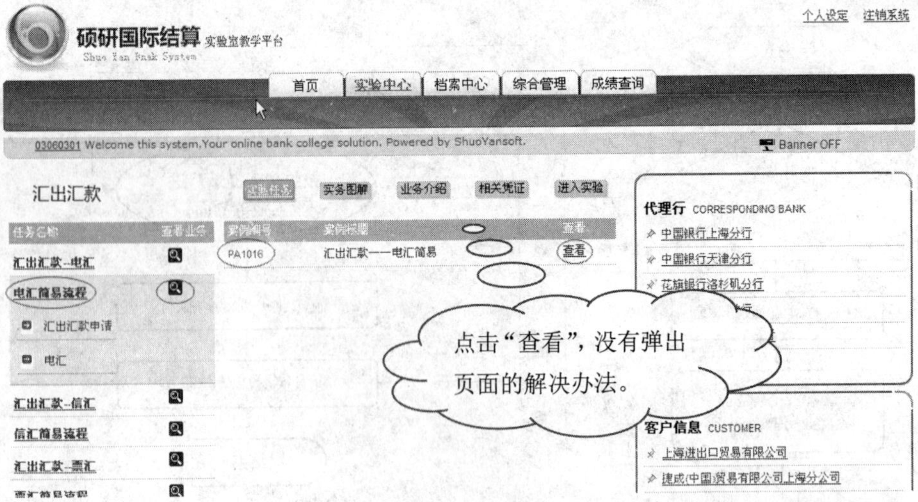

图［2-72］

（3）根据案例步骤提示，第一步是“汇出汇款申请书”，则登录“贸易商端”，选择“汇出汇款”实验类型，见图［2-73］，点击“进入实验”，则进入贸易商业务流程主页面，见图［2-74］。点击“汇款”，点击“汇出汇款申请”，点击“新建申请书”，则进入“汇出汇款申请书”业务操作界面。首先，选择“案例编号”，再填入必填的业务要素，点击“保存”，见图［2-75］。要对新建立的申请书执行申请操作，则点击“申请”，见图［2-76］。

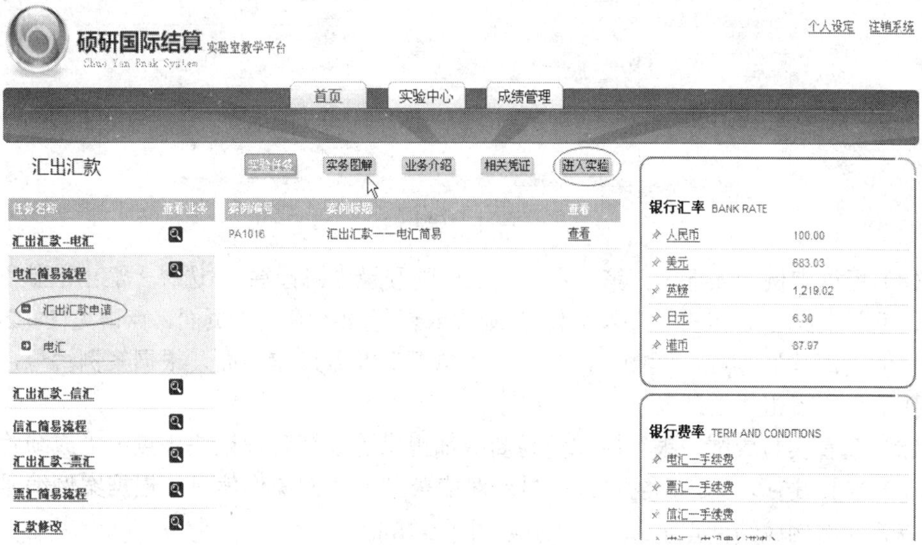

图［2-73］

图［2-74］

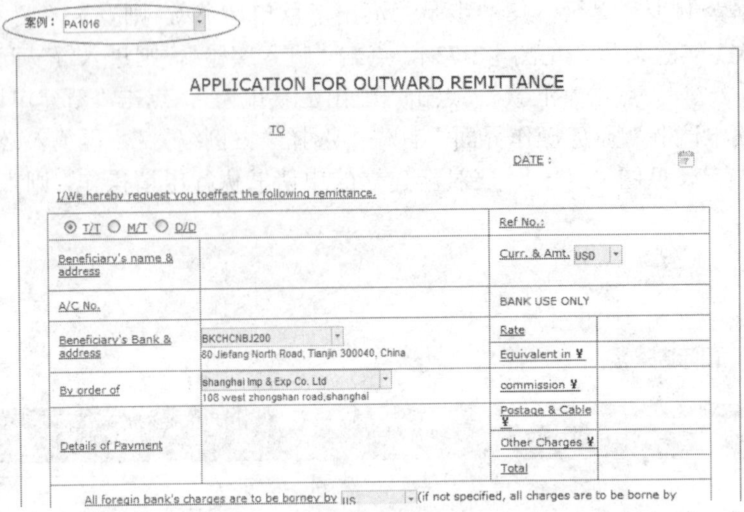

图［2-75］

（4）根据案例步骤提示，第二步是电汇，则登录“银行端”，选择“汇出汇款”实验类型，见图［2-72］，点击“进入实验”，则进入银行业务流程主页面，点击见图［2-76］。点击“汇出汇款”，点击“电汇”，则进入“电汇”业务操作界面，根据案例编号，选中要操作信息，点击“汇款”。

（5）查看实验成绩，银行端和贸易商端都提供了成绩管理模块，点击“成绩管理”，见图［2-77］，选择“实验类型”，则显示对应类型的案例操作信息，根据案例编号，选中要查看的案例成绩，点击 ，显示见图［2-78］。

选中要查看的案例答案，点击 ，则显示如图［2-79］所示。

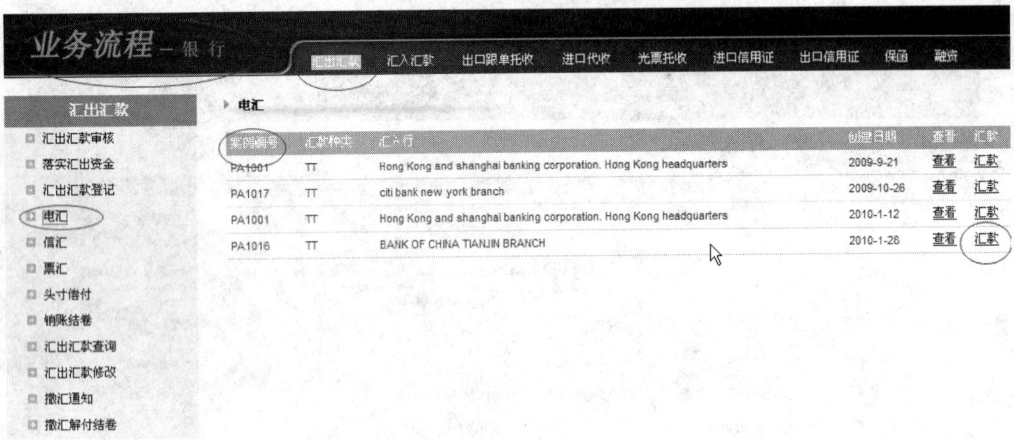

图［2-76］

图［2-77］

图［2-78］

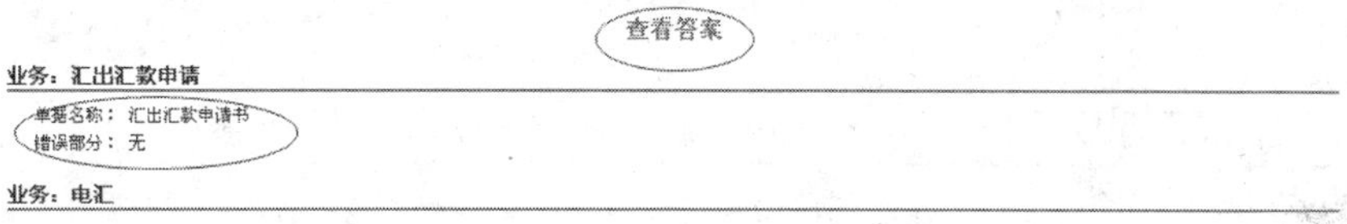

图［2-79］

3.3 业务操作

3.3.1 贸易商端业务流程

3.3.1.1 汇款业务

3.3.1.1.1 汇出汇款申请

功能：汇出汇款的申请书的添加、修改。

操作流程：

首先，进入贸易商，点击“实验中心”，点击“汇出汇款”，点击“进入实验”，则进入贸易商业务主界面。

（1）点击“汇款”，点击“汇出汇款申请”，点击列表底部的“新建申请书”，见图［2-80］；在跳出的业务界面填写必要的要素，点击“保存”，见图［2-81］。点击“下一步”，返回汇出汇款申请的回执单，见图［2-82］。

（2）如果要修改某个申请书，点击“修改”，填写修改内容，点击“保存”，见图［2-80］。

图［2-80］

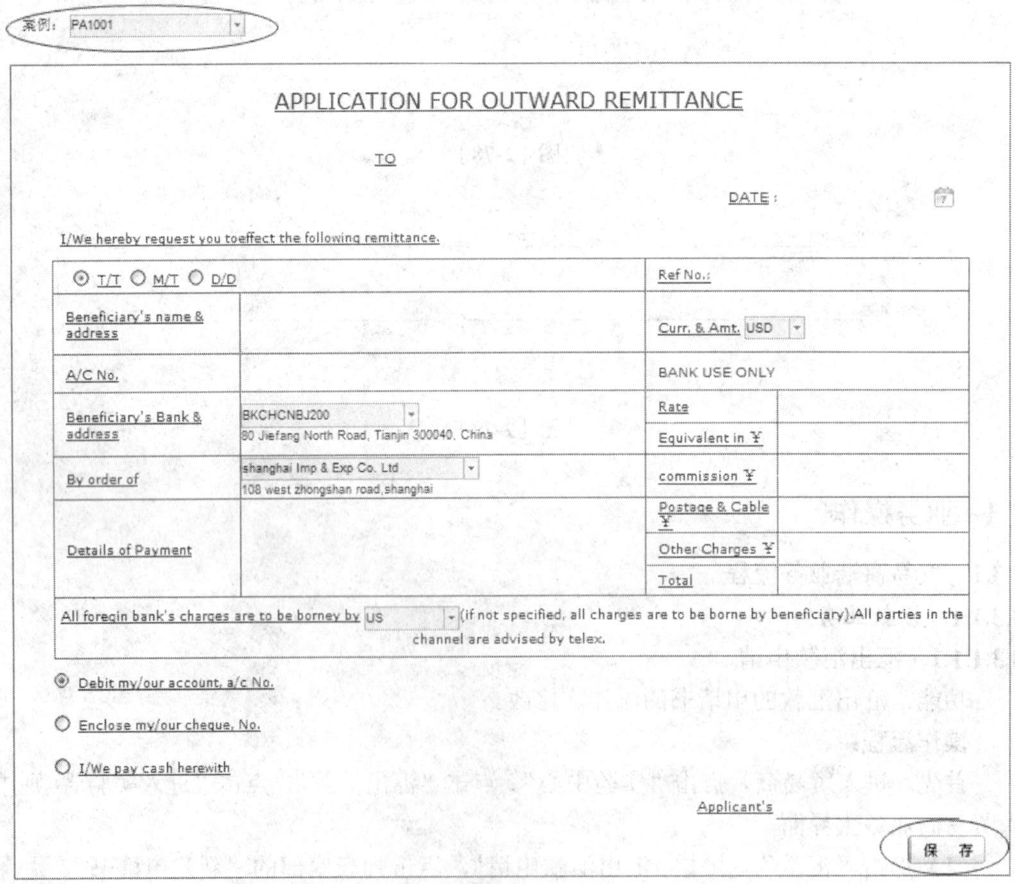

图［2-81］

序号	凭证或单据名	备注
1	汇出汇款申请书	申请书正本，汇出行留存
2	汇出汇款申请书	汇款回执，交汇款人

关 闭

图［2-82］

3.3.1.1.2　汇款修改申请

功能：汇款修改申请的添加以及汇出汇款申请书的查看。

操作流程：

首先，进入贸易商，点击“实验中心”，点击“汇出汇款”，点击“进入实验”，则进入贸易商业务主界面。

（1）点击“汇款”，点击“汇款修改申请”，点击“修改申请”，见图［2-83］；在跳出的业务界面填写必要的要素，点击“保存”，见图［2-84］。点击“下一步”，返回汇出汇款修改申请的回执单，见图［2-85］。

（2）如果要查看某个案例下的汇出汇款申请书，点击“查看”，见图［2-84］。

图［2-83］

APPLICATION FOR AMENDING OUTWARD REMITTANCE

DATE:

To:BANK OF CHINA SHANGHAI BRANCH

NO.: TTPA0030900001002　　ISSUED ON: 2009-6-22

AMOUNT: USD 506.00　　BENEFICIARY'S: SANTO DIY TOOLS AND HARWARD CO LTD

PAYING BANK: HONGKONG AND SHANGHAI BANKING CORPORATION　　& ADDRESS: FRANKFURT

PLEASE AMEND THE FOLLOWING ITEMS BY (AIR MAIL/ CABLE):

NOTE: PLEASE DO NOT FILL OUT ON THE ORIGINAL ITEM, IF IT WILL NOT BE AMENDED.

ITEM	ORIGINALS	ALTERATIONS TO BE MADE
BENEFICIARY'S NAME		
BENEFICIARY'S ADDRESS	FRANKFURT	FRANKFURT,GREMEN
BENEFICIARY'S ACCOUNT		
A/C WITH BANK		
OTHERS		

IF DOUBLE PAYMENT WERE MADE OUT OF THIS AMENDMENT TO OUTWARD REMITTANCE, THE APPLICANT UNDERTAKES TO COMPENSATE ALL THE BANKING CHARGES AND LOSS INCURRED TO YOU UNCONDITIONALLY.

AUTHORIZED SIGNATURE OF APPLICANT

shanghai Imp & Exp Co. Ltd

上海徐汇区

保 存　下一步

图［2-84］

序号	凭证或单据名	备注
1	汇出汇款申请书	申请书正本，汇出行留存
2	汇出汇款申请书	汇款回执，交汇款人

关 闭

图［2-85］

3.3.1.1.3 退汇申请

功能：退汇申请的添加以及汇出汇款申请书的查看。

操作流程：

首先，进入贸易商，点击“实验中心”，点击“汇出汇款”，点击“进入实验”，则进入贸易商业务主界面。

（1）点击“汇款”，点击“退汇申请”，点击“退汇请书”，见图［2-86］；在跳出的业务界面填写必要的要素，点击“保存”，见图［2-87］。点击“下一步”，返回退汇申请的回执单，见图［2-88］。

（2）如果要查看某个案例下的汇出汇款申请书，点击“查看”，见图［2-87］。

图［2-86］

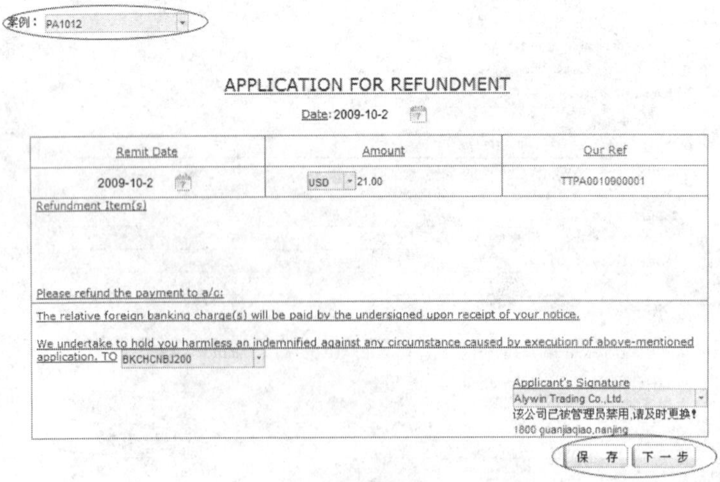

图［2-87］

序号	凭证或单据名	备注
1	汇出汇款退汇申请书	申请书正本，汇出行留存
2	汇出汇款退汇申请书	申请书副本，交汇款人

关 闭

图［2-88］

3.3.1.2　托收业务

3.3.1.2.1　托收委托申请

功能：托收委托申请书的添加、修改以及对相关单据的添加、删除。

操作流程：

首先，进入贸易商，点击“实验中心”，点击“出口跟单托收”，点击“进入实验”，则进入贸易商业务主界面。

（1）点击“托收”，点击“托收委托申请”，点击列表上面的“新增”，见图［2-89］；在跳出的业务界面填写必要的要素，点击“保存”，见图［2-90］。

（2）如果要修改某个托收委托申请书，点击“修改”，填写修改内容，点击“保存”，见图［2-89］。

（3）点击“添加单据”，选择“单据类型”，点击“确定”，在跳出的单据界面中填写必填要素，点击“保存”，见图［2-89］。

（4）如果要删除一条相关单据，单击“删除”，见图［2-89］。

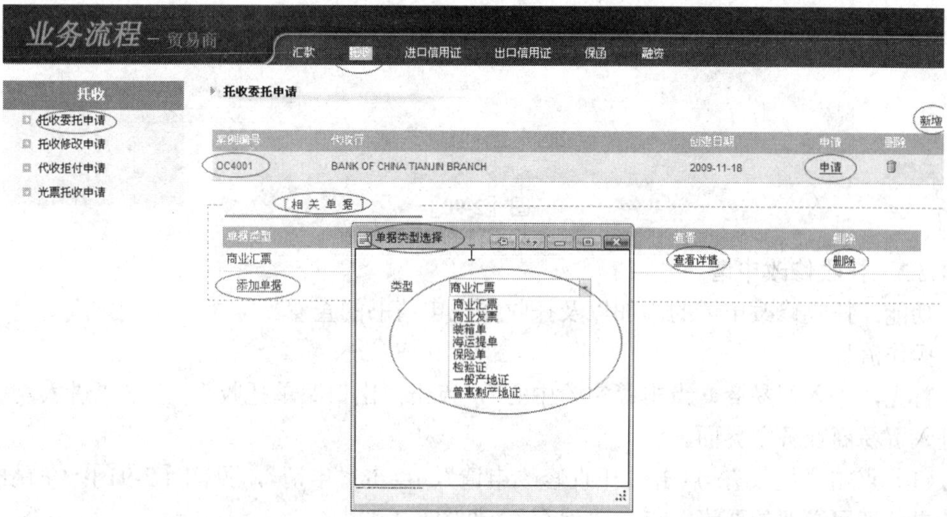

图［2-89］

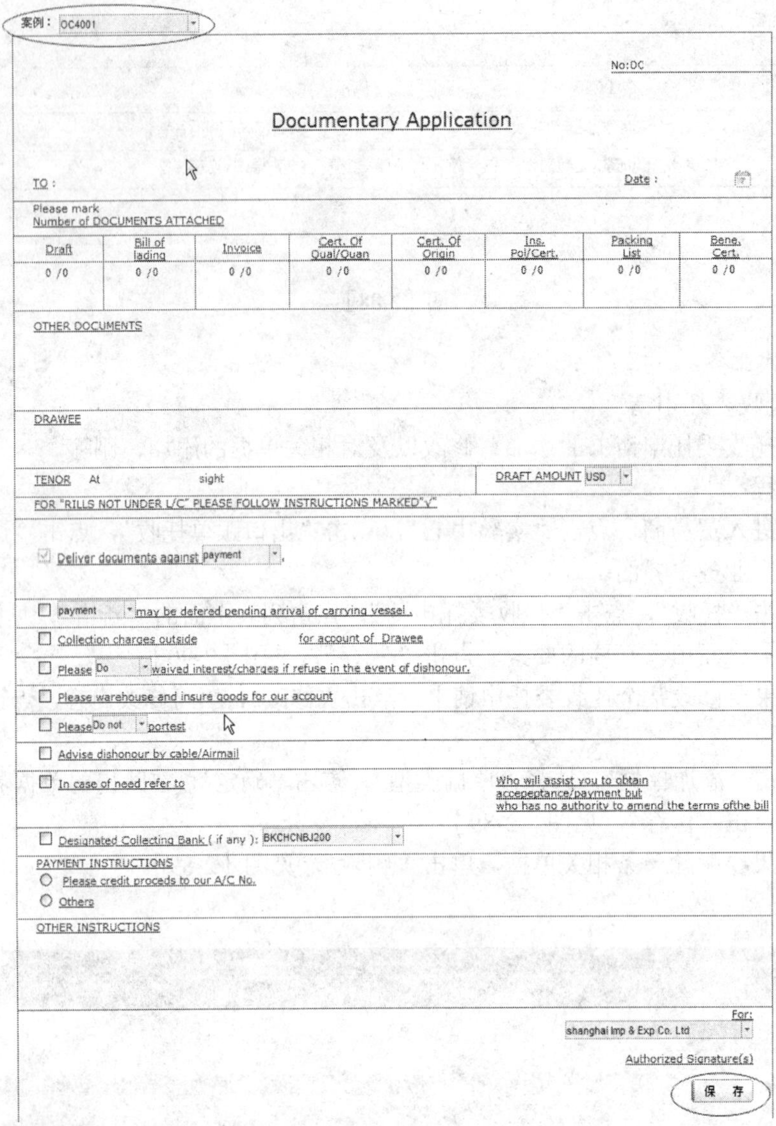

图［2-90］

3.3.1.2.2 托收修改申请

功能：托收修改申请的添加以及托收委托申请书的查看。

操作流程：

首先，进入贸易商，点击“实验中心”，点击“出口跟单托收”，点击“进入实验”，则进入贸易商业务主界面。

（1）点击“托收”，点击“托收修改申请”，点击“申请”，见图［2-91］；在跳出的业务界面填写必要的要素，点击“保存”，见图［2-92］。

（2）如果要查看某个案例下的托收委托申请书，点击“查看”，见图［2-91］。

图［2-91］

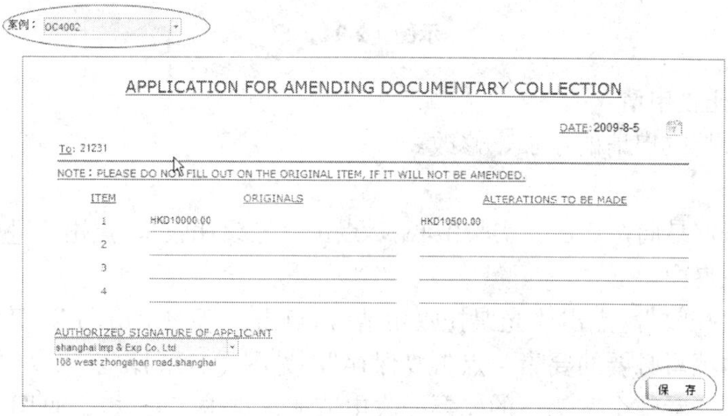
案例：OC4002

APPLICATION FOR AMENDING DOCUMENTARY COLLECTION

DATE: 2009-8-5

To: 21231

NOTE：PLEASE DO NOT FILL OUT ON THE ORIGINAL ITEM, IF IT WILL NOT BE AMENDED.

ITEM	ORIGINALS	ALTERATIONS TO BE MADE
1	HKD10000.00	HKD10500.00
2		
3		
4		

AUTHORIZED SIGNATURE OF APPLICANT
shanghai Imp & Exp Co. Ltd
108 west zhongshan road,shanghai

保 存

图［2-92］

3.3.1.2.3 代收拒付申请

功能：代收拒付申请的添加以及托收委托申请书的查看。

操作流程：

首先，进入贸易商，点击“实验中心”，点击“出口跟单托收”，点击“进入实验”，则进入贸易商业务主界面。

（1）点击“托收”，点击“代收拒付申请”，点击“拒付申请”，见图［2-93］；在跳出的业务界面填写必要的要素，点击“保存”，见图［2-94］。

（2）如果要查看某个案例下的托收委托申请书，点击“查看”，见图［2-91］。

图［2-93］

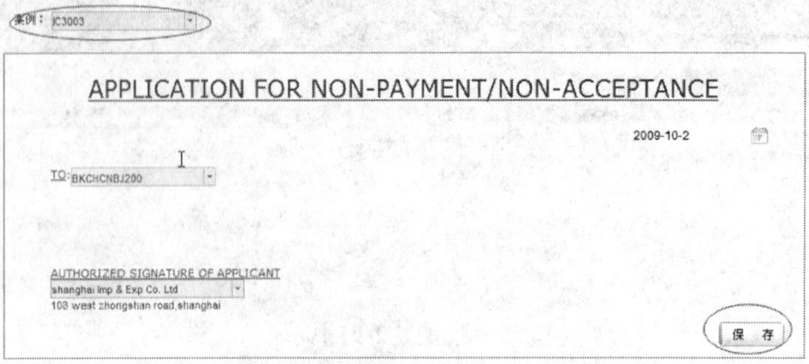

示图［2-94］

3.3.1.2.4 光票托收申请

功能：光票托收申请的添加、修改。

操作流程：

首先，进入贸易商，点击“实验中心”，点击“光票托收”，点击“进入实验”，则进入贸易商业务主界面。

（1）点击“托收”，点击“光票托收申请”，点击“新增申请书”，见图［2-95］；在跳出的业务界面填写必要的要素，点击“保存”，见图［2-96］。

（2）如果要查看某个案例下的光票托收申请书，点击“查看”，见图［2-95］。

图［2-95］

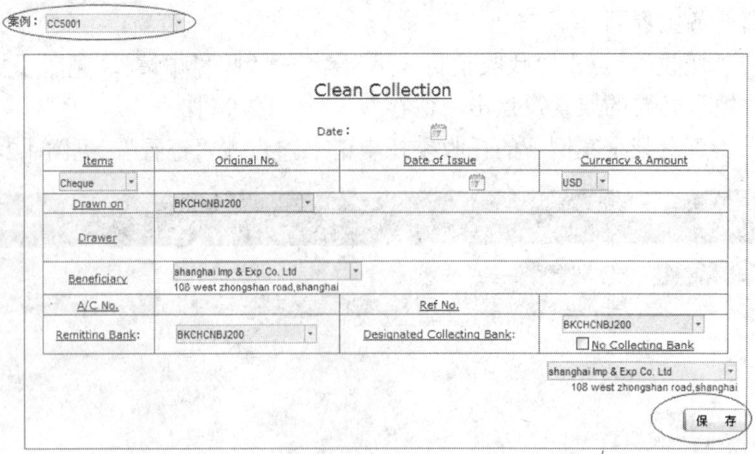

图［2-96］

3.3.1.3　进口信用证业务

3.3.1.3.1　开证申请

功能：信用证开证申请书的添加、修改。

操作流程：

首先，进入贸易商，点击“实验中心”，点击“进口信用证”，点击“进入实验”，则进入贸易商业务主界面。

（1）点击“进口信用证”，点击“开证申请”，点击列表下面的“新建申请书”，见图［2-97］；在跳出的业务界面填写必要的要素，点击“保存”，见图［2-98］。

（2）如果要修改某个开证申请书，点击“修改”，填写修改内容，点击“保存”，见图［2-97］。

图［2-97］

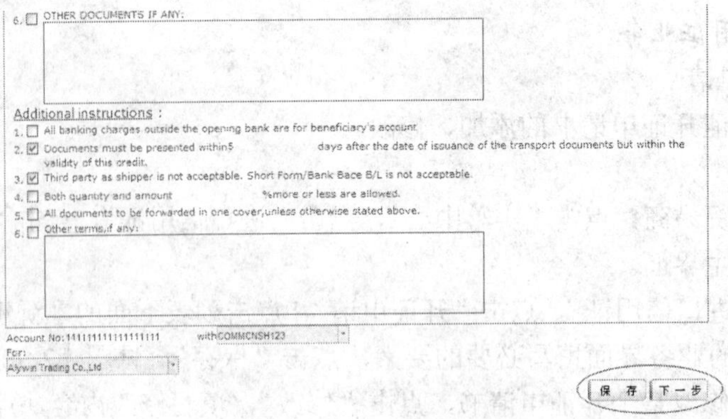

图［2-98］

3.3.1.3.2 信用证修改申请

功能：信用证修改申请书的添加、修改以及查看开证申请书。

操作流程：

首先，进入贸易商，点击“实验中心”，点击“进口信用证”，点击“进入实验”，则进入贸易商业务主界面。

（1）点击“进口信用证”，点击“信用证修改申请”，点击“修改申请”，见图［2-99］；在跳出的业务界面填写必要的要素，点击“保存”，见图［2-100］。

（2）如果要修改某个修改申请书，点击“修改申请”，填写修改内容，点击“保存”，见图［2-99］。

（3）如果要查看某个案例的开证申请书，点击“查看”，见图［2-99］。

图［2-99］

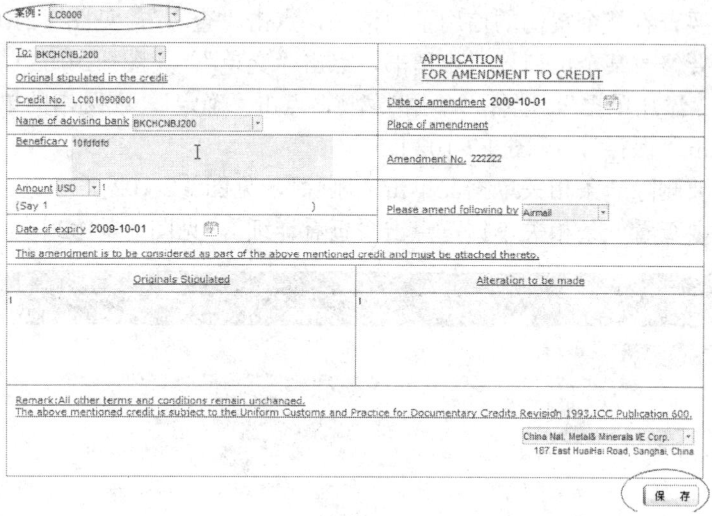

图［2-100］

3.3.1.4　出口信用证业务

3.3.1.4.1　出口审证

功能：信用证的审核（人工审核）。

操作流程：

首先，进入贸易商，点击“实验中心”，点击“出口信用证”，点击“进入实验”，则进入贸易商业务主界面。

再点击“出口信用证”，点击“出口审证”，点击“审证”，见图［2-101］。

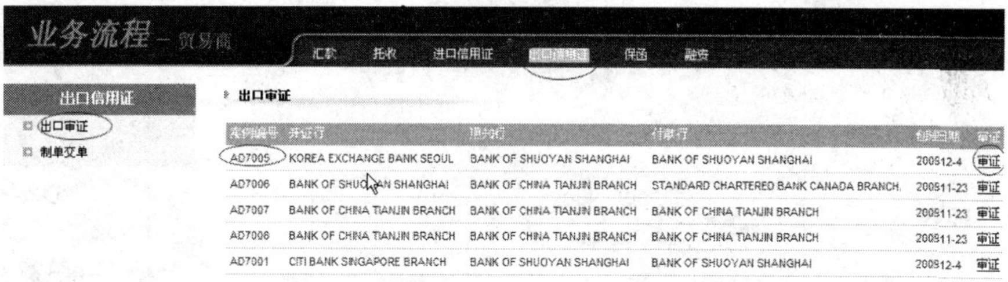

图［2-101］

3.3.1.4.2　制单交单

功能：信用证申请书的查看，出口议付申请书的添加、修改，以及对相关单据的添加、删除、查看。

操作流程：

首先，进入贸易商，点击“实验中心”，点击“出口信用证”，点击“进入实验”，则进入贸易商业务主界面。

（1）点击“出口信用证”，点击“交单”，见图［2-102］，在跳出的申请书界面填写必要的要素，点击“保存”，见图［2-103］。

（2）如果要查看某个案例的信用证申请书，点击“查看”，见图［2-102］。

（3）如果要修改某个出口议付申请书，点击“交单”，见图［2-103］。

（4）点击“添加单据”，选择“单据类型”，点击“确定”，在跳出的单据界面中填写必填要素，点击“保存”，见图［2-102］。

（5）如果要删除一条相关单据，单击“删除”，见图［2-102］。

（6）如果要查看一条相关单据，点击“查看详细”，见图［2-102］。

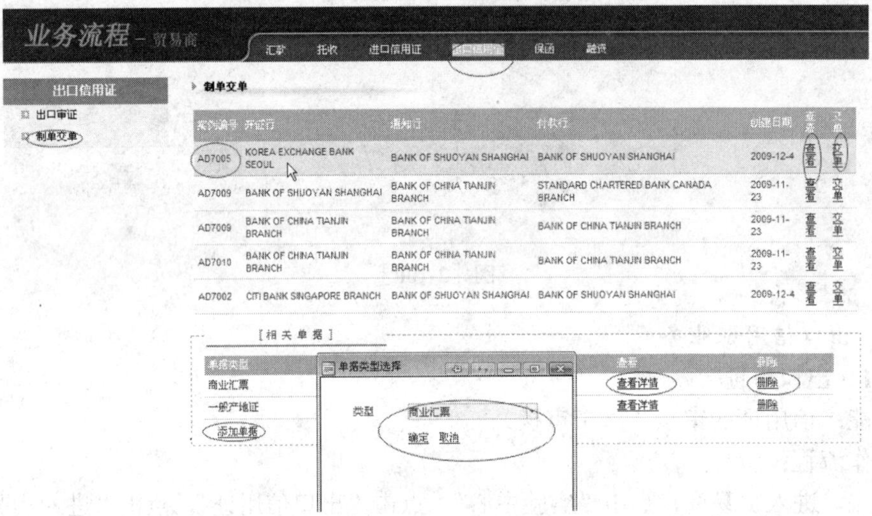

图［2-102］

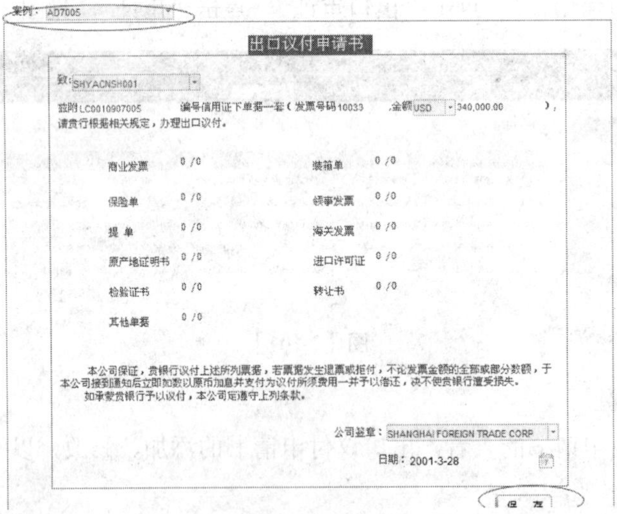

图［2-103］

3.3.2 银行端业务流程

3.3.2.1 汇出汇款业务

3.3.2.1.1 汇出汇款审核

功能：汇出汇款的审核的添加、修改以及查看汇出汇款申请书。

操作流程：

首先，进入银行，点击“实验中心”，点击“汇出汇款”，点击“进入实验”，则进入银行业务主界面。

（1）点击“汇出汇款”，点击“汇出汇款审核”，点击“审核”，见图［2-104］；在跳出的业务界面填写必要的要素，点击“保存”，见图［2-105］。

（2）如果要查看某个案例的汇出汇款申请书，点击“查看”，见图［2-105］。

图［2-104］

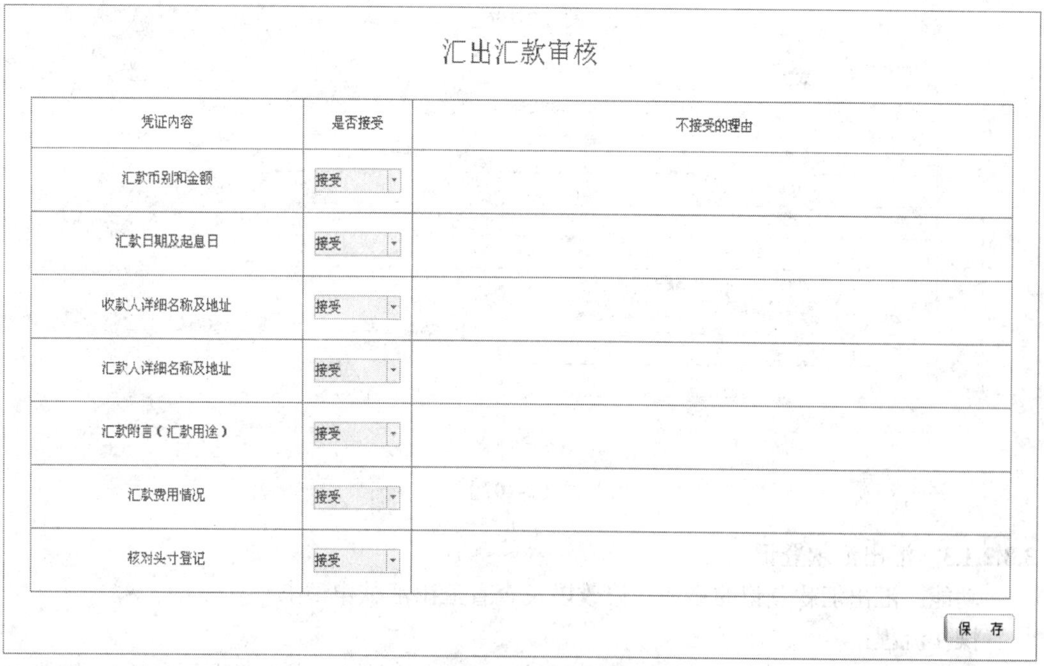

汇出汇款审核

凭证内容	是否接受	不接受的理由
汇款币别和金额	接受	
汇款日期及起息日	接受	
收款人详细名称及地址	接受	
汇款人详细名称及地址	接受	
汇款附言（汇款用途）	接受	
汇款费用情况	接受	
核对头寸登记	接受	

保　存

图［2-105］

3.3.2.1.2　落实汇出资金

功能：落实汇出资金的添加、修改以及查看汇出汇款申请书。

操作流程：

首先，进入银行，点击“实验中心”，点击“汇出汇款”，点击“进入实验”，则进入银行业务主界面。

（1）点击“汇出汇款”，点击“落实汇出资金”，点击“扣款”，见图［2-106］；在跳出的业务界面填写必要的要素，点击“保存”，见图［2-107］。

（2）如果要修改某个案例的扣款，点击“扣款”，填写修改内容，点击“保存”，见图［2-106］。

（3）如果要查看某个案例的汇出汇款申请书，点击“查看”，见图［2-106］。

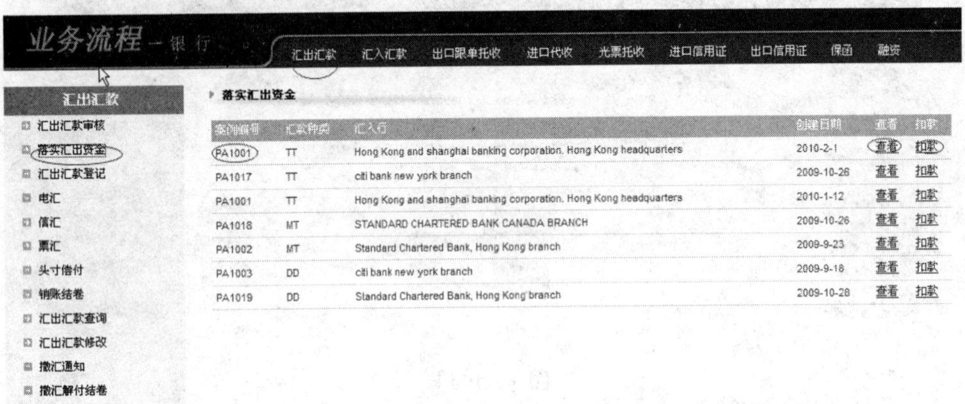

图［2-106］

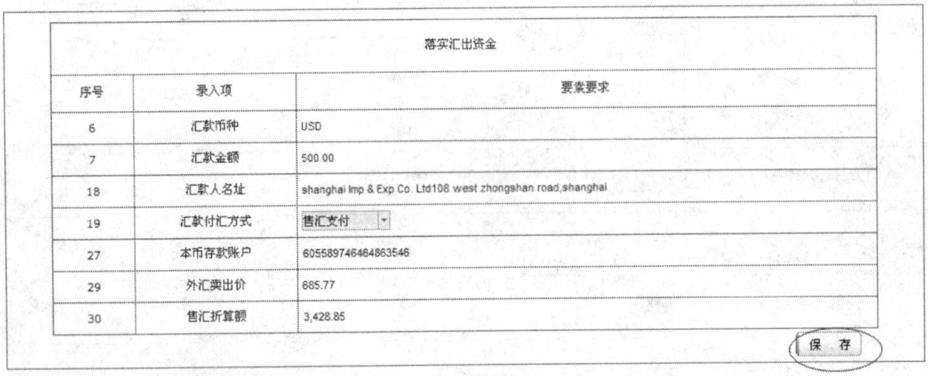

落实汇出资金

序号	录入项	要素要求
6	汇款币种	USD
7	汇款金额	500.00
18	汇款人名址	shanghai Imp & Exp Co. Ltd108 west zhongshan road,shanghai
19	汇款付汇方式	售汇支付
27	本币存款账户	605589746464863546
29	外汇卖出价	685.77
30	售汇折算额	3,428.85

保 存

图［2-107］

3.3.2.1.3 汇出汇款登记

功能：汇出汇款登记的添加、修改以及查看汇出汇款申请书。

操作流程：

首先，进入银行，点击“实验中心”，点击“汇出汇款”，点击“进入实验”，则进入银行业务主界面。

（1）点击“汇出汇款”，点击“汇出汇款登记”，点击“登记”，见图［2-108］；在跳出的业务界面填写必要的要素，点击“保存”，见图［2-109］。

（2）如果要修改某个案例的登记，点击“登记”，填写修改内容，点击“保存”，见图［2-108］。

（3）如果要查看某个案例的汇出汇款申请书，点击“查看”，见图［2-108］。

图［2-108］

图［2-109］

3.3.2.1.4　电汇

功能：电汇的添加、修改以及查看汇出汇款申请书。

操作流程：

首先，进入银行，点击“实验中心”，点击“汇出汇款”，点击“进入实验”，则进入银行业务主界面。

（1）点击“汇出汇款”，点击“电汇”，点击“汇款”，见图［2-110］；在跳出的业务界面填写必要的要素，点击“保存”，见图［2-111］。点击“下一步”，在业务界面填写必要的要素，点击“保存”，见图［2-112］。

（2）如果要修改某个案例的电汇，点击“汇款”，填写修改内容，点击“保存”。见图［2-111］。

（3）如果要查看某个案例的汇出汇款申请书，点击“查看”，见图［2-110］。

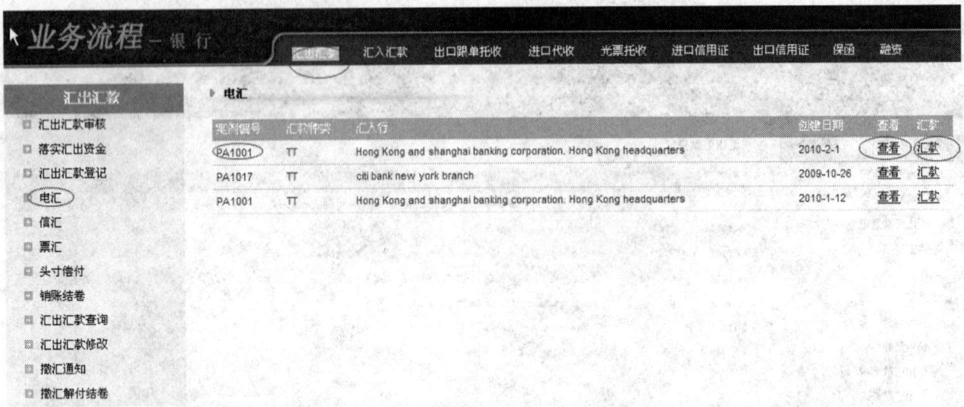

图［2-110］

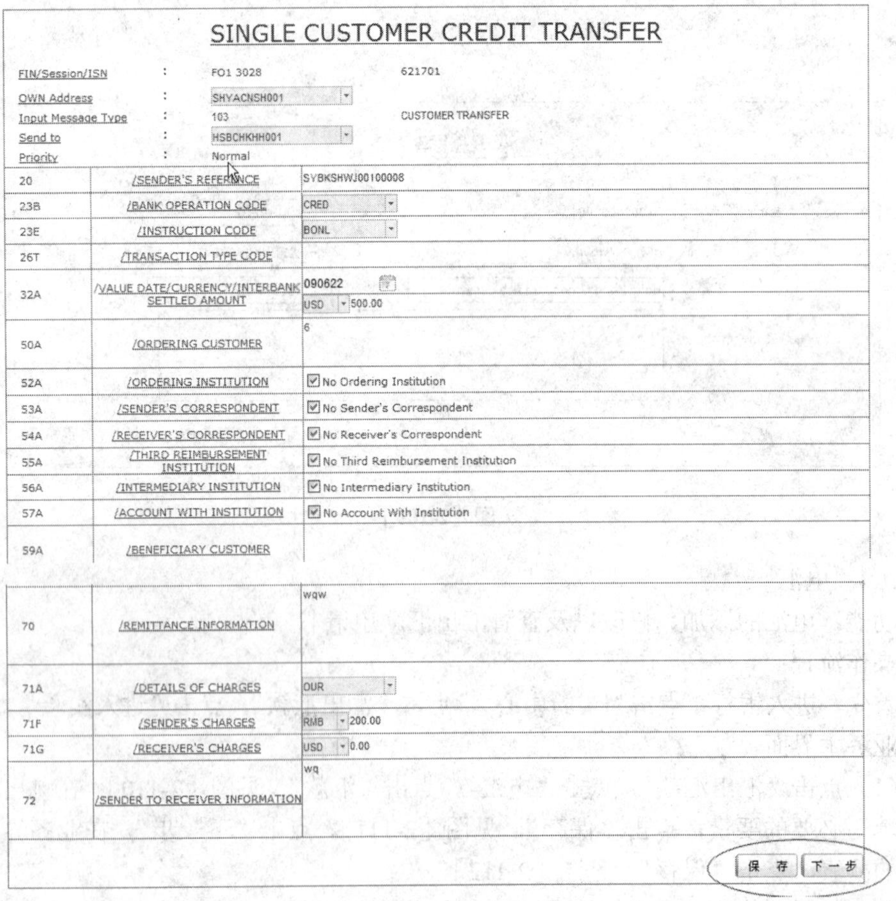

SINGLE CUSTOMER CREDIT TRANSFER

FIN/Session/ISN : FO1 3028 621701
OWN Address : SHYACNSH001
Input Message Type : 103 CUSTOMER TRANSFER
Send to : HSBCHKHH001
Priority : Normal

20	/SENDER'S REFERENCE	SYBKSHWJ00100008
23B	/BANK OPERATION CODE	CRED
23E	/INSTRUCTION CODE	BONL
26T	/TRANSACTION TYPE CODE	
32A	/VALUE DATE/CURRENCY/INTERBANK SETTLED AMOUNT	090622 USD 500.00
50A	/ORDERING CUSTOMER	6
52A	/ORDERING INSTITUTION	No Ordering Institution
53A	/SENDER'S CORRESPONDENT	No Sender's Correspondent
54A	/RECEIVER'S CORRESPONDENT	No Receiver's Correspondent
55A	/THIRD REIMBURSEMENT INSTITUTION	No Third Reimbursement Institution
56A	/INTERMEDIARY INSTITUTION	No Intermediary Institution
57A	/ACCOUNT WITH INSTITUTION	No Account With Institution
59A	/BENEFICIARY CUSTOMER	
70	/REMITTANCE INFORMATION	wqw
71A	/DETAILS OF CHARGES	OUR
71F	/SENDER'S CHARGES	RMB 200.00
71G	/RECEIVER'S CHARGES	USD 0.00
72	/SENDER TO RECEIVER INFORMATION	wq

保存 下一步

图［2-111］

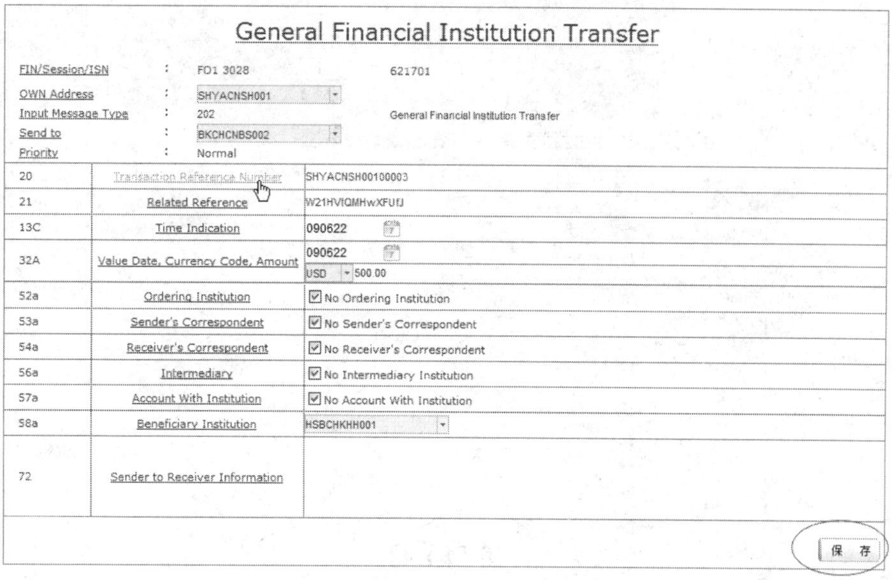

图［2-112］

3.3.2.1.5 信汇

功能：信汇的添加、修改以及查看汇出汇款申请书。

操作流程：

首先，进入银行，点击“实验中心”，点击“汇出汇款”，点击“进入实验”，则进入银行业务主界面。

（1）点击“汇出汇款”，点击“信汇”，点击“汇款”，见图［2-113］；在跳出的业务界面填写必要的要素，点击“保存”，见图［2-114］。点击“下一步”，在业务界面填写必要的要素，点击“保存”，见图［2-115］。

（2）如果要修改某个案例的信汇，点击“汇款”，同添加步骤。

（3）如果要查看某个案例的汇出汇款申请书，点击“查看”，见图［2-113］。

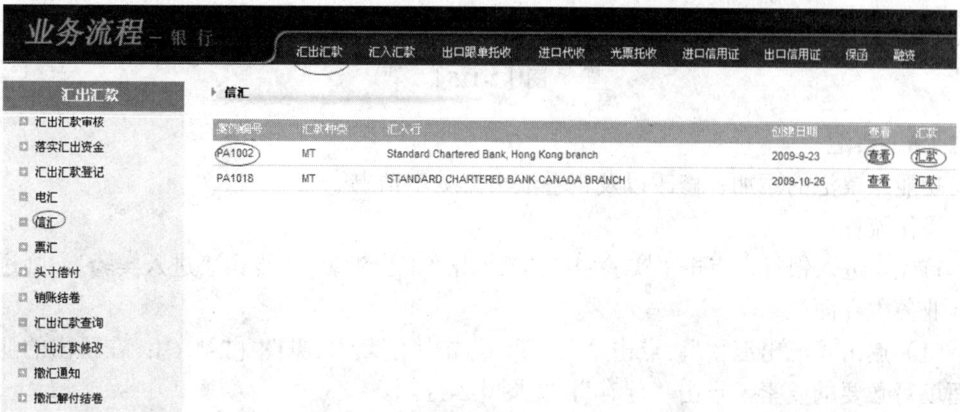

图［2-113］

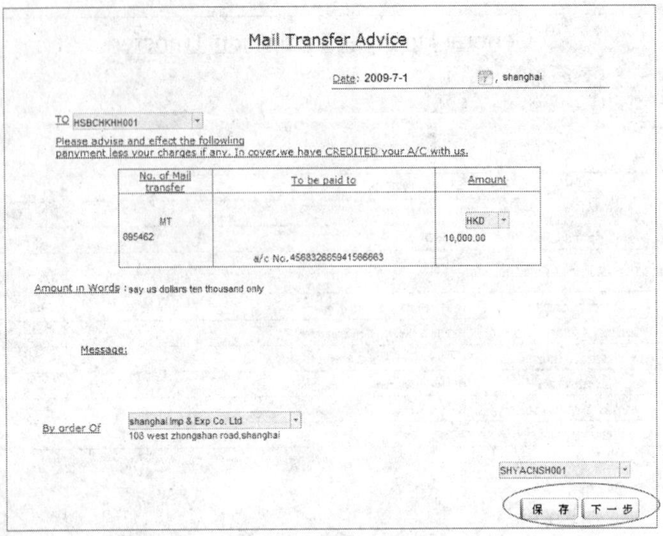

图［2-114］

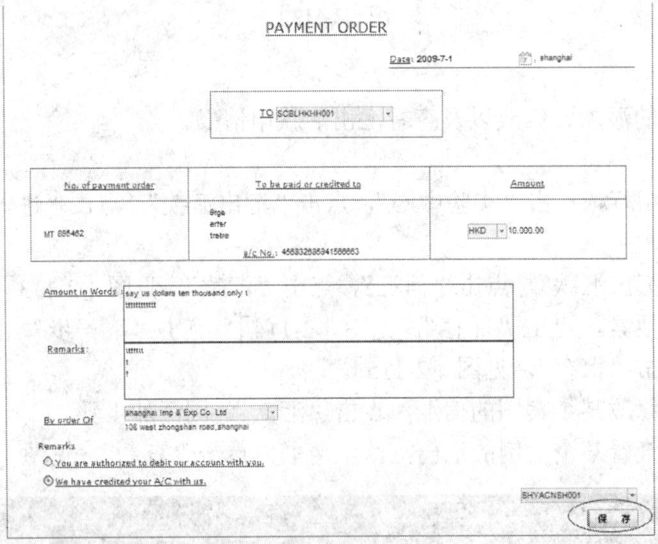

图［2-115］

3.3.2.1.6 票汇

功能：票汇的添加、修改以及查看汇出汇款申请书。

操作流程：

首先，进入银行，点击“实验中心”，点击“汇出汇款”，点击“进入实验”，则进入银行业务主界面。

（1）点击“汇出汇款”，点击“票汇”，点击“汇款”，见图［2-116］；在跳出的业务界面填写必要的要素，点击“保存”，见图［2-117］。

（2）如果要修改某个案例的票汇，点击“汇款”，同添加步骤。

（3）如果要查看某个案例的汇出汇款申请书，点击“查看”，见图［2-116］。

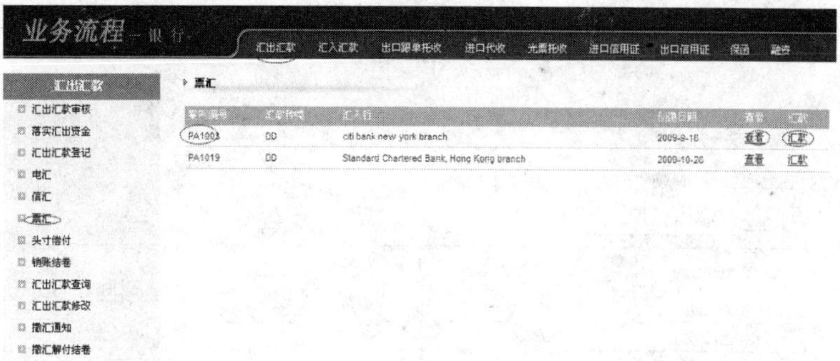

图［2-116］

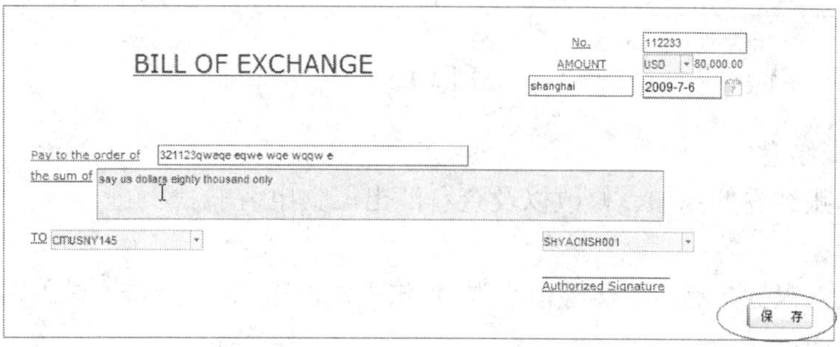

图［2-117］

3.3.2.1.7　头寸偿付

功能：头寸偿付的添加、修改以及查看汇出汇款申请书。

操作流程：

首先，进入银行，点击“实验中心”，点击“汇出汇款”，点击“进入实验”，则进入银行业务主界面。

（1）点击“汇出汇款”，点击“头寸偿付”，点击“偿付”，见图［2-118］；在跳出的业务界面填写必要的要素，点击“保存”，见图［2-119］。

（2）如果要修改某个案例的头寸偿付，点击“偿付”，同添加步骤。

（3）如果要查看某个案例的汇出汇款申请书，点击“查看”，见图［2-118］。

图［2-118］

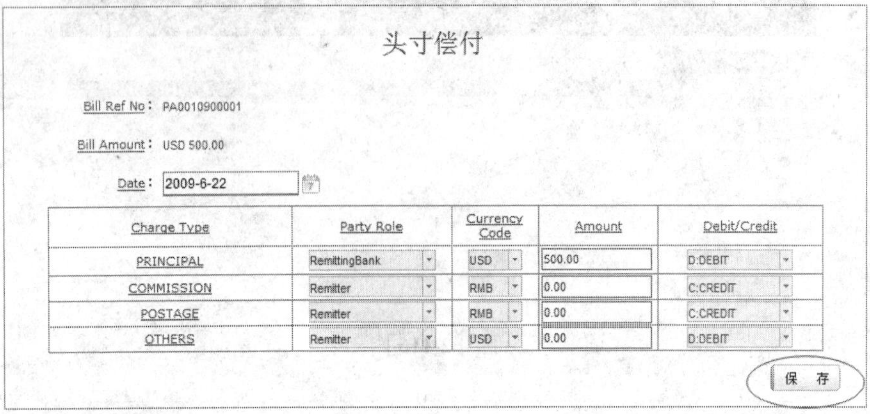

图［2-119］

3.3.2.1.8 销账结卷

功能：销账结卷的添加、修改以及查看汇出汇款申请书。

操作流程：

首先，进入银行，点击“实验中心”，点击“汇出汇款”，点击“进入实验”，则进入银行业务主界面。

（1）点击“汇出汇款”，点击“销账结卷”，点击“销账”，见图［2-120］；在跳出的业务界面填写必要的要素，点击“保存”，见图［2-121］。

（2）如果要修改某个案例的销账结卷，点击“查询”，同添加步骤。

（3）如果要查看某个案例的汇出汇款申请书，点击“查看”，见图［2-120］。

图［2-120］

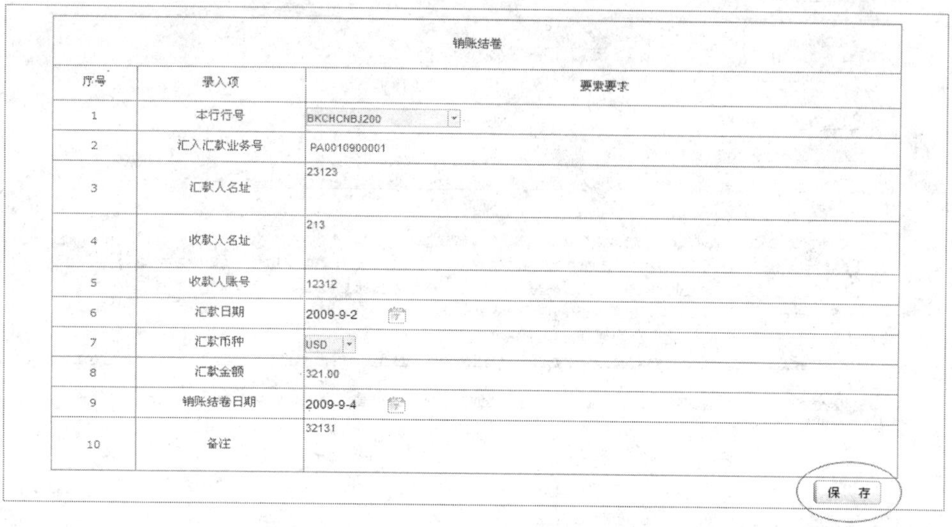

图［2-121］

3.3.2.1.9　汇出汇款查询

功能：汇出汇款查询的添加、修改以及查看 SWIFTMT 103。

操作流程：

首先，进入银行，点击“实验中心”，点击“汇出汇款”，点击“进入实验”，则进入银行业务主界面。

（1）点击“汇出汇款”，点击“汇出汇款查询”，点击“查询”，见图［2-122］；在跳出的业务界面填写必要的要素，点击“保存”，见图［2-123］。

（2）如果要修改某个案例的头寸偿付，点击“查询”，同添加步骤。

（3）如果要查看某个案例的 SWIFTMT 103，点击“查看”，见图［2-122］。

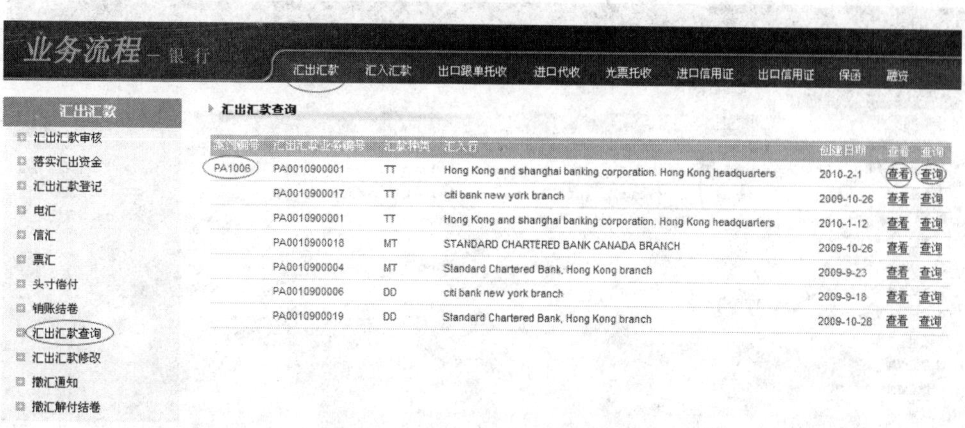

图［2-122］

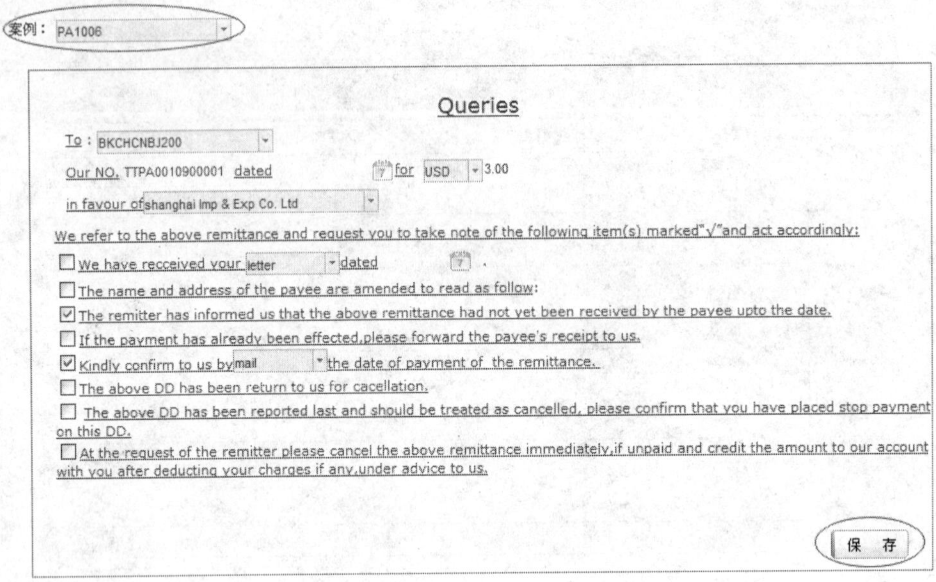
案例：PA1006
Queries
To：BKCHCNBJ200
Our NO. TTPA0010900001 dated for USD 3.00
in favour of shanghai Imp & Exp Co. Ltd
We refer to the above remittance and request you to take note of the following item(s) marked"√"and act accordingly:
We have recceived your letter dated
The name and address of the payee are amended to read as follow:
The remitter has informed us that the above remittance had not yet been received by the payee upto the date.
If the payment has already been effected,please forward the payee's receipt to us.
Kindly confirm to us by mail the date of payment of the remittance.
The above DD has been return to us for cacellation.
The above DD has been reported last and should be treated as cancelled, please confirm that you have placed stop payment on this DD.
At the request of the remitter please cancel the above remittance immediately,if unpaid and credit the amount to our account with you after deducting your charges if any,under advice to us.
保 存

图［2-123］

3.3.2.1.10 汇出汇款修改

功能：汇出汇款修改的添加、修改以及查看汇出汇款申请书。

操作流程：

首先，进入银行，点击“实验中心”，点击“汇出汇款”，点击“进入实验”，则进入银行业务主界面。

（1）点击“汇出汇款”，点击“汇出汇款修改”，点击“修改”，见图［2-124］；在跳出的业务界面填写必要的要素，点击“保存”，见图［2-125］。

（2）如果要修改某个案例的汇出汇款修改，点击“修改”，同添加步骤。

（3）如果要查看某个案例的汇出汇款申请书，点击“查看”，见图［2-124］。

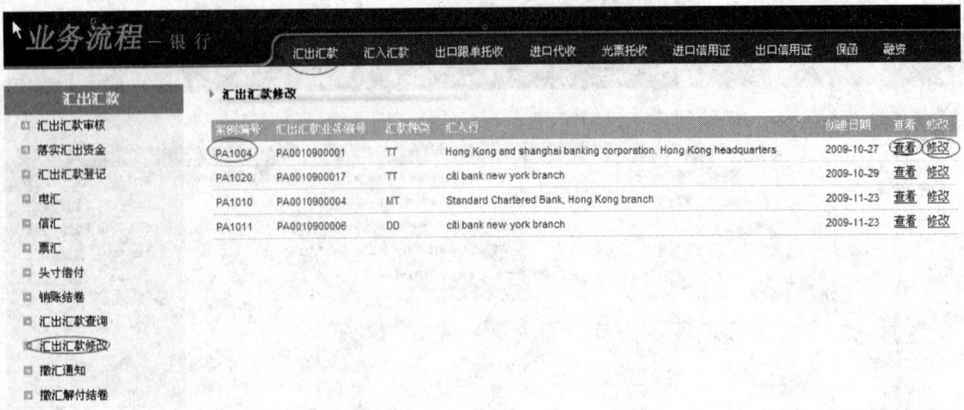
业务流程－银行
汇出汇款 汇入汇款 出口跟单托收 进口代收 光票托收 进口信用证 出口信用证 保函 融资
汇出汇款
汇出汇款审核
落实汇出资金
汇出汇款登记
电汇
信汇
票汇
头寸偿付
销账结卷
汇出汇款查询
汇出汇款修改
撤汇通知
撤汇解付结卷
汇出汇款修改
PA1004 PA0010900001 TT Hong Kong and shanghai banking corporation. Hong Kong headquarters 2009-10-27 查看 修改
PA1020 PA0010900017 TT citi bank new york branch 2009-10-29 查看 修改
PA1010 PA0010900004 MT Standard Chartered Bank, Hong Kong branch 2009-11-23 查看 修改
PA1011 PA0010900006 DD citi bank new york branch 2009-11-23 查看 修改

图［2-124］

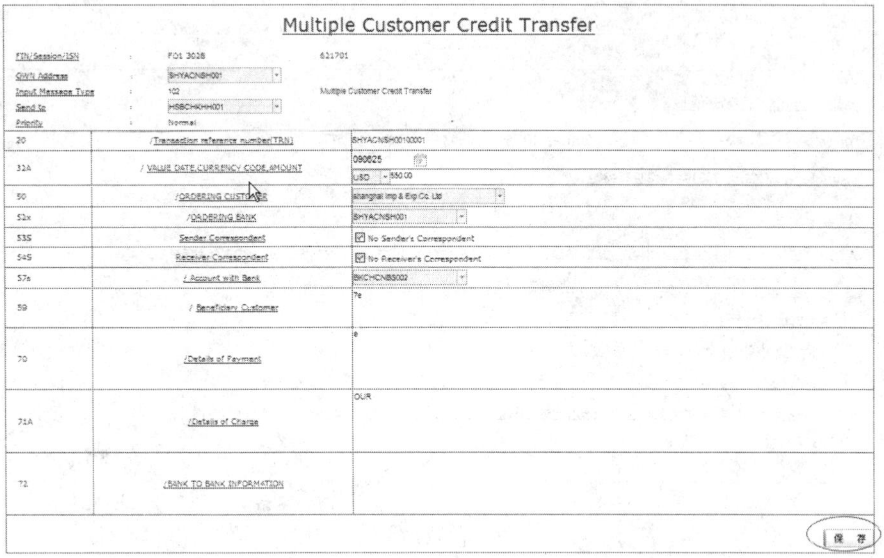

图［2-125］

3.3.2.1.11　撤汇通知

功能：退汇通知书的添加、修改以及查看退汇申请书。

操作流程：

首先，进入银行，点击“实验中心”，点击“汇出汇款”，点击“进入实验”，则进入银行业务主界面。

（1）点击“汇出汇款”，点击“撤汇通知”，点击“撤汇”，见图［2-126］；在跳出的业务界面填写必要的要素，点击“保存”，见图［2-127］。

（2）如果要修改某个案例的撤汇通知，点击“撤汇”，同添加步骤。

（3）如果要查看某个案例的退汇申请书，点击“查看”，见图［2-126］。

图［2-126］

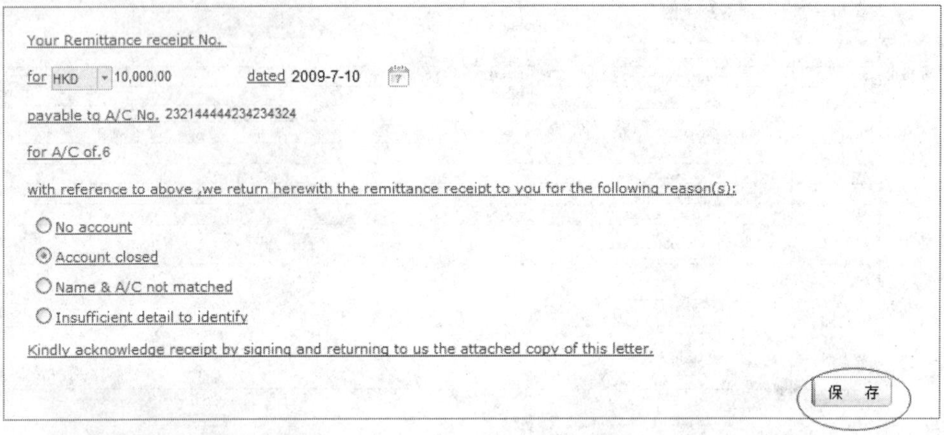

图［2-127］

3.3.2.1.12 撤汇解付结卷

功能：撤汇解付结卷的添加、修改以及查看退汇申请书。

操作流程：

首先，进入银行，点击“实验中心”，点击“汇出汇款”，点击“进入实验”，则进入银行业务主界面。

（1）点击“汇出汇款”，点击“撤汇解付结卷”，点击“撤汇解付”，见图［2-128］；在跳出的业务界面填写必要的要素，点击“保存”，见图［2-129］。

（2）如果要修改某个案例的撤汇解付结卷，点击“撤汇解付”，同添加步骤。

（3）如果要查看某个案例的退汇申请书，点击“查看”，见图［2-128］。

图［2-128］

图［2-129］

3.3.2.2　汇入汇款业务

3.3.2.2.1　汇入汇款通知

功能：汇入汇款通知的添加、修改。

操作流程：

首先，进入银行，点击“实验中心”，点击“汇入汇款”，点击“进入实验”，则进入银行业务主界面。

（1）点击“汇入汇款”，点击“汇入汇款通知”，点击列表底部的“收取通知”，见图［2-130］；在跳出的业务界面填写必要的要素，点击“保存”，见图［2-131］。

（2）如果要修改某个案例的汇入汇款通知，点击“修改”，填写修改内容，点击“保存”，见图［2-130］。

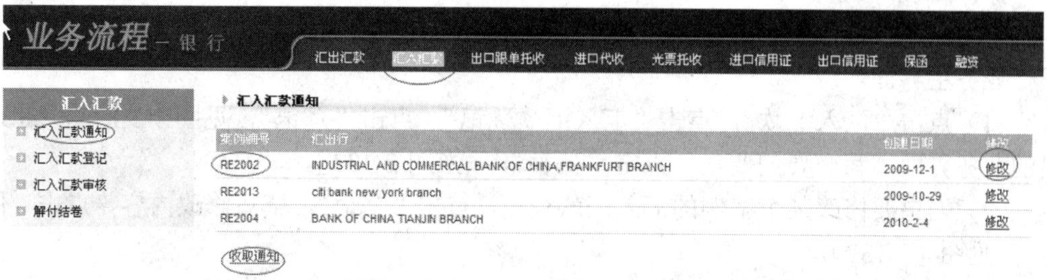

图［2-130］

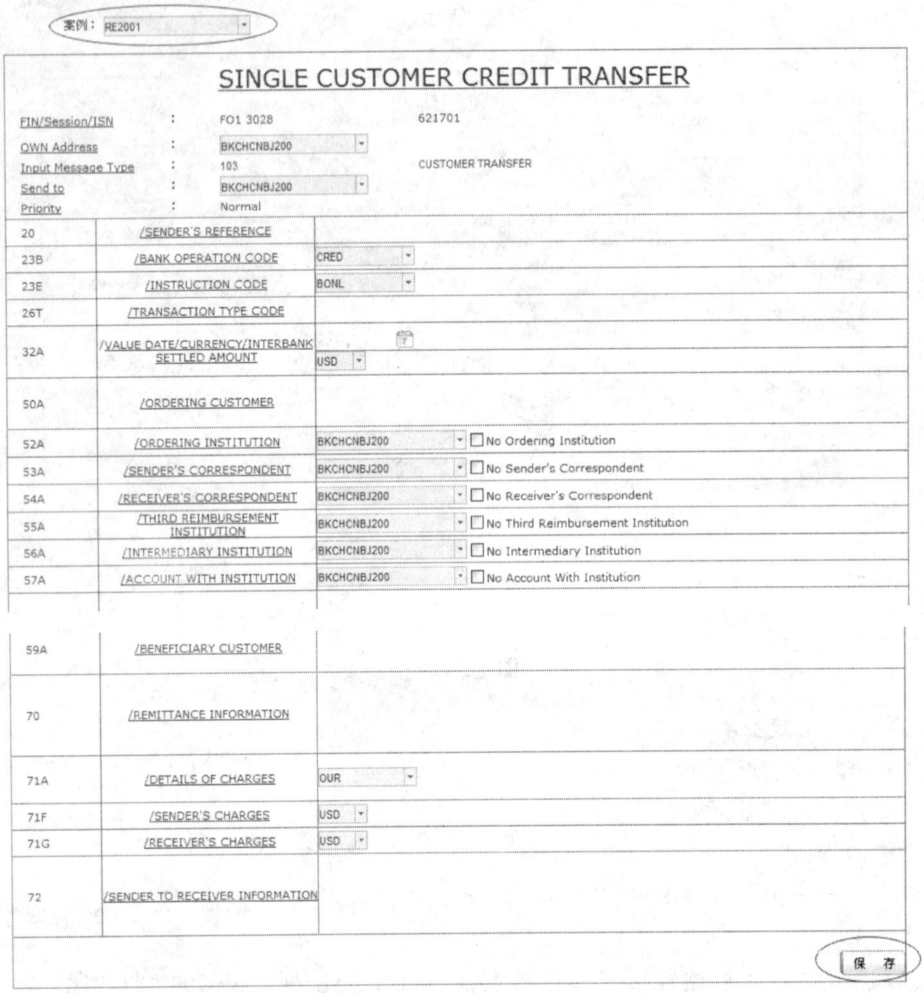

图［2-131］

3.3.2.2.2 汇入汇款登记

功能：汇入汇款的登记的添加、修改以及查看汇入汇款通知。

操作流程：

首先，进入银行，点击“实验中心”，点击“汇入汇款”，点击“进入实验”，则进入银行业务主界面。

（1）点击“汇入汇款”，点击“汇入汇款登记”，点击“登记”，见图［2-132］；在跳出的业务界面填写必要的要素，点击“保存”，见图［2-133］。

（2）如果要修改某个案例的汇入汇款登记，点击“登记”，填写修改内容，点击“保存”，见图［2-132］。

（3）如果要查看某个案例的汇入汇款通知，点击“查看”，见图［2-132］。

图［2-132］

图［2-133］

3.3.2.2.3　汇入汇款审核

功能：汇入汇款的审核的添加、修改以及查看汇入汇款通知。

操作流程：

首先，进入银行，点击“实验中心”，点击“汇入汇款”，点击“进入实验”，则进入银行业务主界面。

（1）点击“汇入汇款”，点击“汇入汇款审核”，点击“审核”，见图［2-134］；在跳出的业务界面填写必要的要素，点击“保存”，见图［2-135］。

（2）如果要修改某个案例的汇入汇款审核，点击“审核”，填写修改内容，点击“保存”，见图［2-134］。

（3）如果要查看某个案例的汇入汇款通知，点击“查看”，见图［2-134］。

图［2-134］

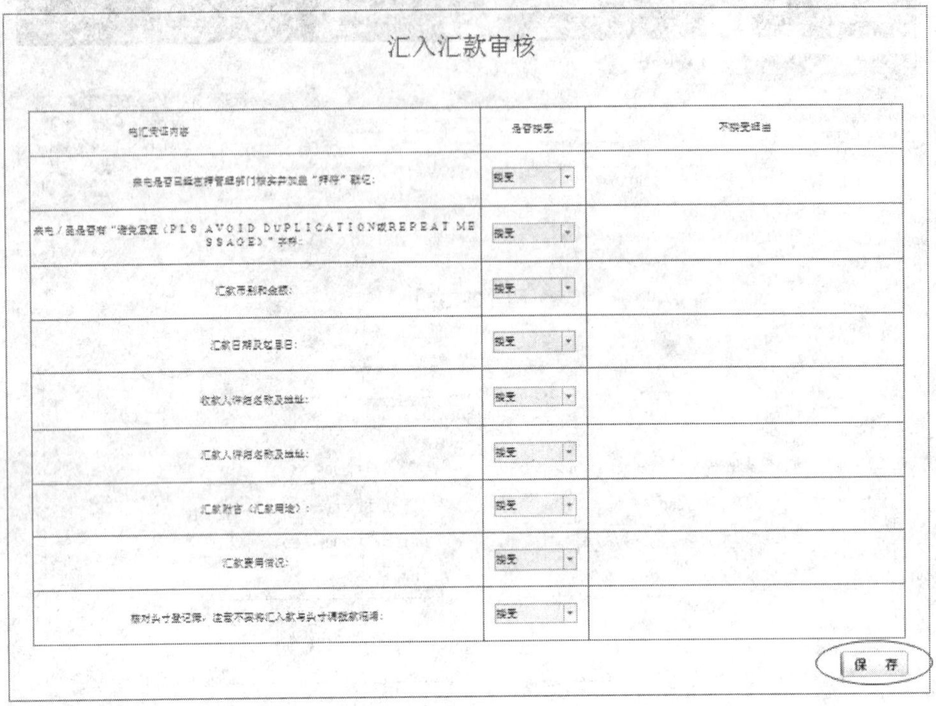

图［2-135］

3.3.2.2.4 解付结卷

功能：解付结卷的添加、修改以及查看汇入汇款通知。

操作流程：

首先，进入银行，点击“实验中心”，点击“汇入汇款”，点击“进入实验”，则进入银行业务主界面。

（1）点击“汇入汇款”，点击“解付结卷”，点击“解付”，见图［2-136］；在跳出的业务界面填写必要的要素，点击“保存”，见图［2-137］。

（2）如果要修改某个案例的解付结卷，点击“解付”，填写修改内容，点击“保存”，见图［2-136］。

（3）如果要查看某个案例的汇入汇款通知，点击“查看”，见图［2-136］。

图［2-136］

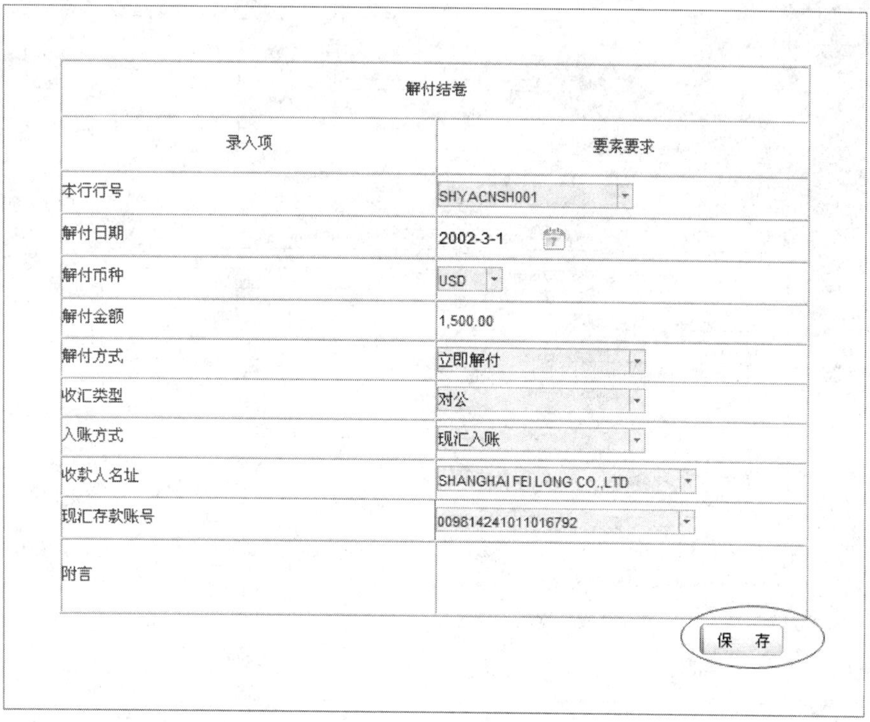

图［2-137］

3.3.2.3　出口跟单托收业务

3.3.2.3.1　托收委托审核

功能：跟单托收申请书的添加、修改。

操作流程：

首先，进入银行，点击“实验中心”，点击“出口跟单托收”，点击“进入实验”，则进入银行业务主界面。

（1）点击“出口跟单托收”，点击“托收委托审核”，点击“审核”，见图［2-138］；在跳出的业务界面填写必要的要素，点击“保存”，见图［2-139］。

（2）如果要修改某个案例的跟单托收申请书，点击“审核”，填写修改内容，点击“保存”，见图［2-138］。

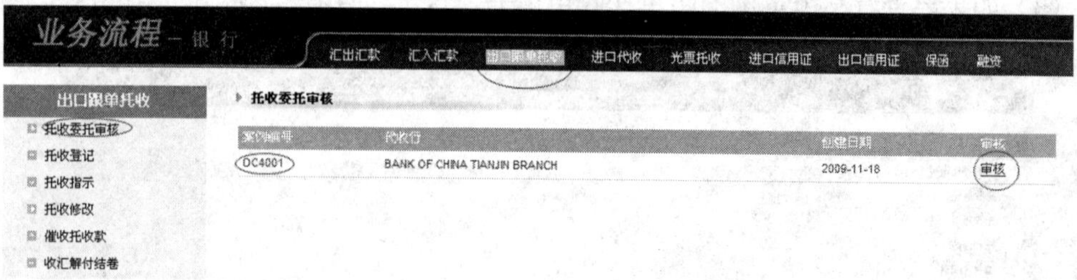

图［2-138］

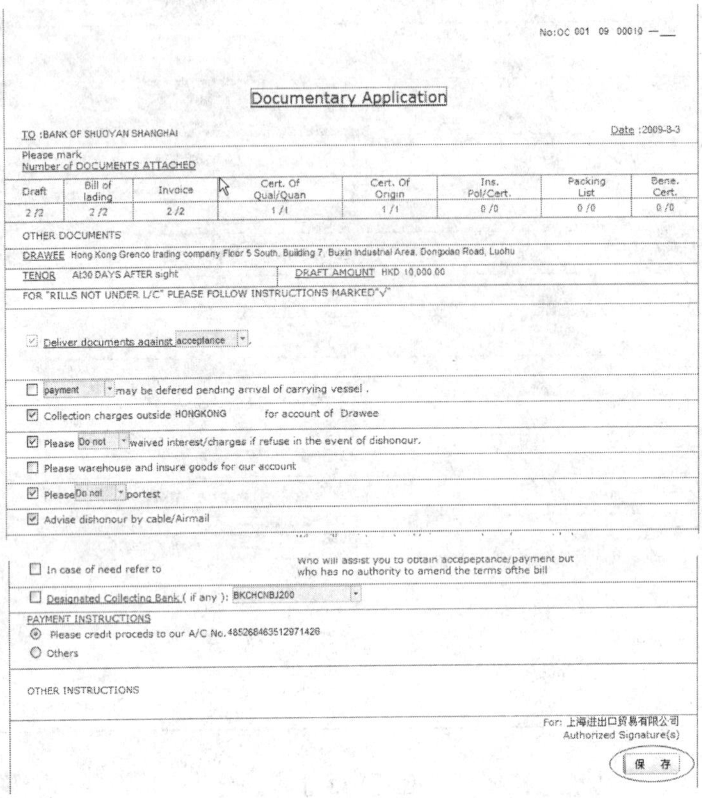
No:OC 001 09 00010 —

Documentary Application

TO :BANK OF SHUOYAN SHANGHAI Date :2009-3-3

Please mark
Number of DOCUMENTS ATTACHED

Draft	Bill of lading	Invoice	Cert. Of Qual/Quan	Cert. Of Origin	Ins. Pol/Cert.	Packing List	Bene. Cert.
2 /2	2 /2	2 /2	1 /1	1 /1	0 /0	0 /0	0 /0

OTHER DOCUMENTS

DRAWEE Hong Kong Grenco trading company Floor 5 South, Building 7, Buxin Industrial Area, Dongxiao Road, Luohu

TENOR At30 DAYS AFTER sight DRAFT AMOUNT HKD 10,000.00

FOR "RILLS NOT UNDER L/C" PLEASE FOLLOW INSTRUCTIONS MARKED"√"

☑ Deliver documents against acceptance

☐ payment may be defered pending arrival of carrying vessel .

☑ Collection charges outside HONGKONG for account of Drawee

☑ Please Do not waived interest/charges if refuse in the event of dishonour.

☐ Please warehouse and insure goods for our account

☑ Please Do not portest

☑ Advise dishonour by cable/Airmail

☐ In case of need refer to who will assist you to obtain accepeptance/payment but who has no authority to amend the terms ofthe bill

☐ Designated Collecting Bank (if any): BKCHCNBJ200

PAYMENT INSTRUCTIONS

◉ Please credit proceds to our A/C No.485268463512971426

○ Others

OTHER INSTRUCTIONS

For: 上海进出口贸易有限公司
Authorized Signature(s)

保 存

图［2-139］

3.3.2.3.2　托收登记

功能：托收登记的添加、修改以及查看跟单托收申请书。

操作流程：

首先，进入银行，点击“实验中心”，点击“出口跟单托收”，点击“进入实验”，则进入银行业务主界面。

（1）点击“出口跟单托收”，点击“托收登记”，点击“登记”，见图［2-140］；在跳出的业务界面填写必要的要素，点击“保存”，见图［2-141］。

（2）如果要修改某个案例的托收登记，点击“登记”，填写修改内容，点击“保存”，见图［2-140］。

（3）如果要查看某个案例的跟单托收申请书，点击“查看”，见图［2-140］。

图［2-140］

图［2-141］

3.3.2.3.3　托收指示

功能：托收指示的添加、修改以及查看跟单托收申请书。

操作流程：

首先，进入银行，点击“实验中心”，点击“出口跟单托收”，点击“进入实验”，则进入银行业务主界面。

（1）点击“出口跟单托收”，点击“托收指示”，点击“缮制”，见图［2-142］；在跳出的业务界面填写必要的要素，点击“保存”，见图［2-143］。

（2）如果要修改某个案例的托收指示，点击“缮制”，填写修改内容，点击“保存”，见图［2-142］。

（3）如果要查看某个案例的跟单托收申请书，点击“查看”，见图［2-142］。

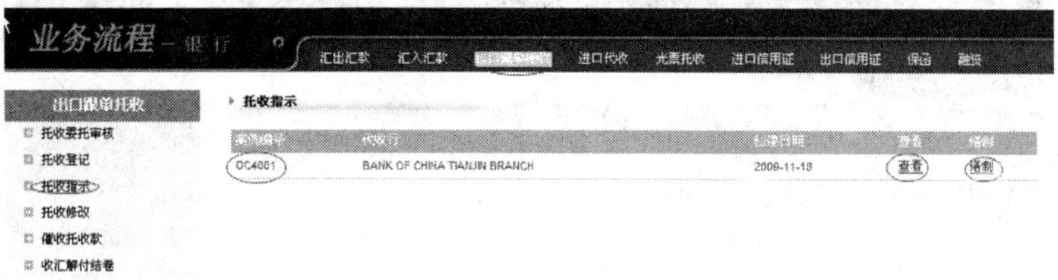

图［2-142］

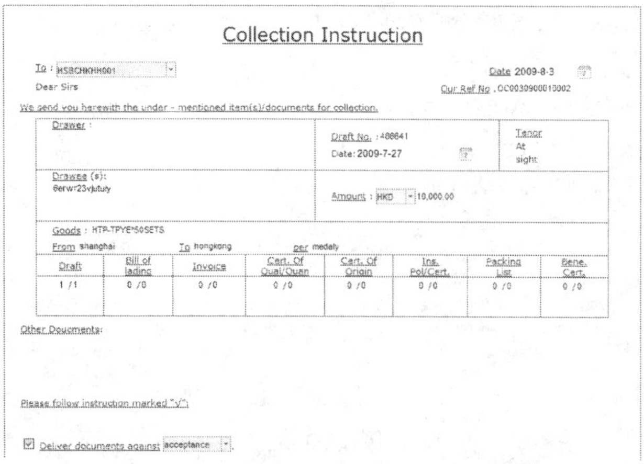

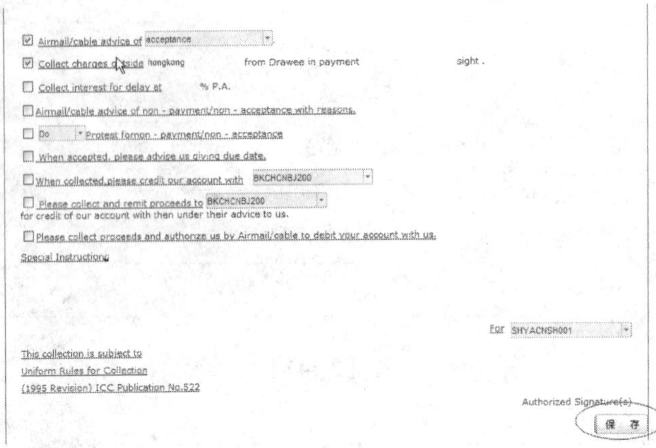

☑ Airmail/cable advice of acceptance

☑ Collect charges outside hongkong from Drawee in payment sight .

☐ Collect interest for delay at % P.A.

☐ Airmail/cable advice of non - payment/non - acceptance with reasons.

☐ Do Protest fornon - payment/non - acceptance

☐ When accepted, please advice us giving due date.

☐ When collected,please credit our account with BKCHCNBJ200

☐ Please collect and remit proceeds to BKCHCNBJ200 for credit of our account with then under their advice to us.

☐ Please collect proceeds and authorize us by Airmail/cable to debit your account with us.

Special Instructions

For SHYACNSH001

This collection is subject to Uniform Rules for Collection (1995 Revision) ICC Publication No.522

Authorized Signature(s)

保 存

图［2-143］

3.3.2.3.4 托收修改

功能：修正指示的添加、修改以及查看托收修改申请书。

操作流程：

首先，进入银行，点击“实验中心”，点击“出口跟单托收”，点击“进入实验”，则进入银行业务主界面。

（1）点击“出口跟单托收”，点击“托收修改”，点击“修改”，见图［2-144］；在跳出的业务界面填写必要的要素，点击“保存”，见图［2-145］。

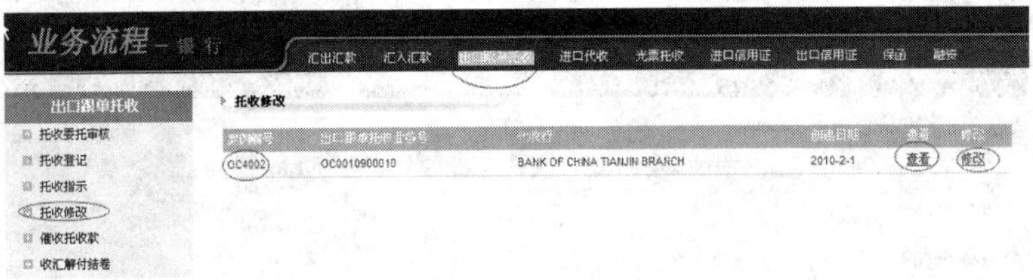

图［2-144］

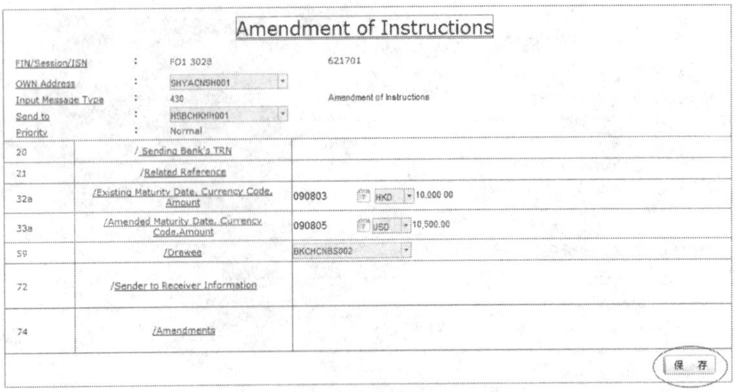

Amendment of Instructions

FIN/Session/ISN : F01 3028 621701

OWN Address : SHYACNSH001

Input Message Type : 430 Amendment of Instructions

Send to : HSBCHKHH001

Priority : Normal

20	/Sending Bank's TRN	
21	/Related Reference	
32a	/Existing Maturity Date, Currency Code, Amount	090803 HKD 10,000.00
33a	/Amended Maturity Date, Currency Code,Amount	090805 USD 10,500.00
59	/Drawee	BKCHCNBS002
72	/Sender to Receiver Information	
74	/Amendments	

保 存

图［2-145］

（2）如果要修改某个案例的修正指示，点击“修改”，填写修改内容，点击“保存”，见图［2-144］。

（3）如果要查看某个案例的托收修改申请书，点击“查看”，见图［2-144］。

3.3.2.3.5　催收托收款

功能：催收托收款的添加、修改以及查看跟单托收指示。

操作流程：

首先，进入银行，点击“实验中心”，点击“出口跟单托收”，点击“进入实验”，则进入银行业务主界面。

（1）点击“出口跟单托收”，点击“催收托收款”，点击“催收”，见图［2-146］；在跳出的业务界面填写必要的要素，点击“保存”，见图［2-147］。

（2）如果要修改某个案例的催收托收款，点击“催收”，填写修改内容，点击“保存”，见图［2-146］。

（3）如果要查看某个案例的跟单托收指示，点击“查看”，见图［2-146］。

图［2-146］

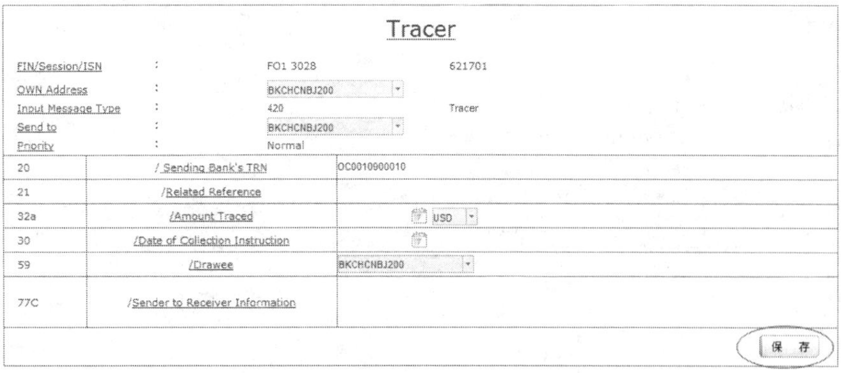

图［2-147］

3.3.2.3.6　收汇解付结卷

功能：收汇解付结卷的添加、修改以及查看 SWIFT MT202。

操作流程：

首先，进入银行，点击“实验中心”，点击“出口跟单托收”，点击“进入实验”，则进入银行业务主界面。

（1）点击“出口跟单托收”，点击“收汇解付结卷”，点击“收汇”，见图［2-148］；在跳出的业务界面填写必要的要素，点击“保存”，见图［2-149］。

（2）如果要修改某个案例的收汇解付结卷，点击“收汇”，填写修改内容，点击“保存”，见图［2-148］。

（3）如果要查看某个案例的 SWIFT MT202，点击“查看”，见图［2-148］。

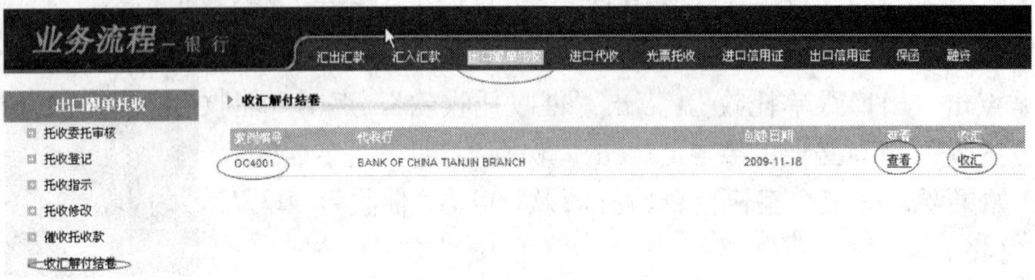

图［2-148］

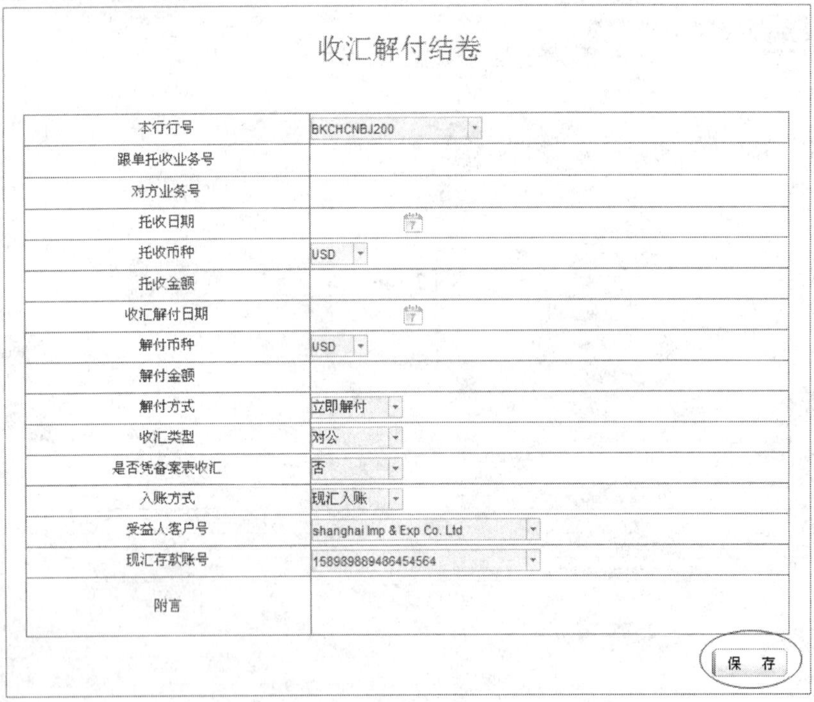

图［2-149］

3.3.2.4 进口代收业务

3.3.2.4.1 收单审核

功能：收单审核的添加、修改以及对相关单据的添加、删除、查看。

操作流程：

首先，进入银行，点击“实验中心”，点击“进口代收”，点击“进入实验”，则进入银行业务主界面。

（1）点击“进口代收”，点击“收单审核”，点击列表上方“收取托收指示”，见图［2-150］；在跳出的业务界面填写必要的要素，点击“保存”，见图［2-151］。

（2）如果要修改某个案例的收单审核，点击“审核”，填写修改内容，点击“保存”，见图［2-150］。

（3）点击“添加单据”，选择“单据类型”，点击“确定”，在跳出的单据界面中填写必填要素，点击“保存”，见图［2-150］。

（4）如果要删除一条相关单据，单击“删除”，见图［2-150］。

图［2-150］

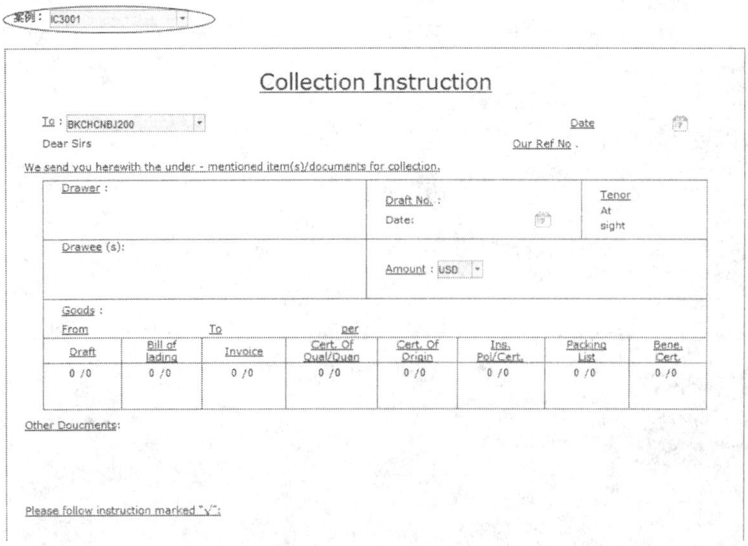

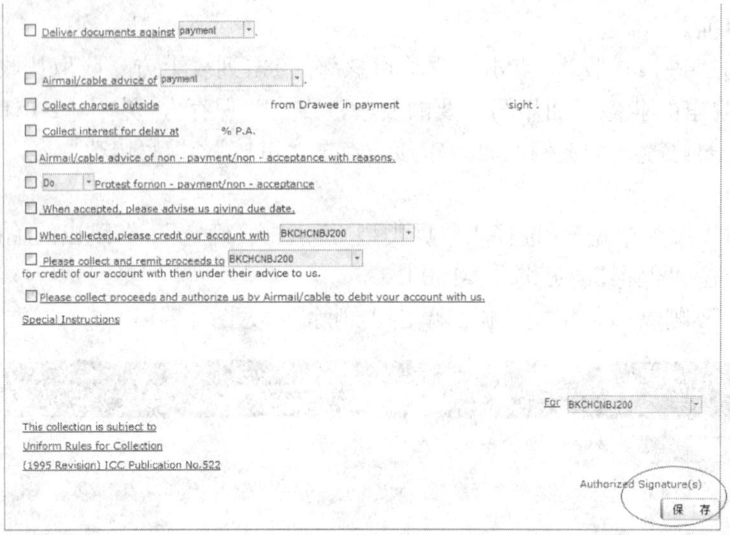

图［2-151］

3.3.2.4.2　进口代收登记

功能：进口代收登记的添加、修改以及查看跟单托收指示。

操作流程：

首先，进入银行，点击“实验中心”，点击“进口代收”，点击“进入实验”，则进入银行业务主界面。

（1）点击“进口代收”，点击“进口代收登记”，点击“登记”，见图［2-152］；在跳出的业务界面填写必要的要素，点击“保存”，见图［2-153］。

图［2-152］

图［2-153］

（2）如果要修改某个案例的进口代收登记，点击“登记”，填写修改内容，点击“保存”，见图［2-152］。

（3）如果要查看某个案例的跟单托收指示，点击“查看”，见图［2-152］。

3.3.2.4.3　代收单到确认

功能：代收单到确认的添加、修改以及查看跟单托收指示。

操作流程：

首先，进入银行，点击“实验中心”，点击“进口代收”，点击“进入实验”，则进入银行业务主界面。

（1）点击“进口代收”，点击“代收单到确认”，点击“通知”，见图［2-154］；在跳出的业务界面填写必要的要素，点击“保存”，见图［2-155］。

（2）如果要修改某个案例的代收单到确认，点击“通知”，填写修改内容，点击“保存”，见图［2-154］。

（3）如果要查看某个案例的跟单托收指示，点击“查看”，见图［2-154］。

图［2-154］

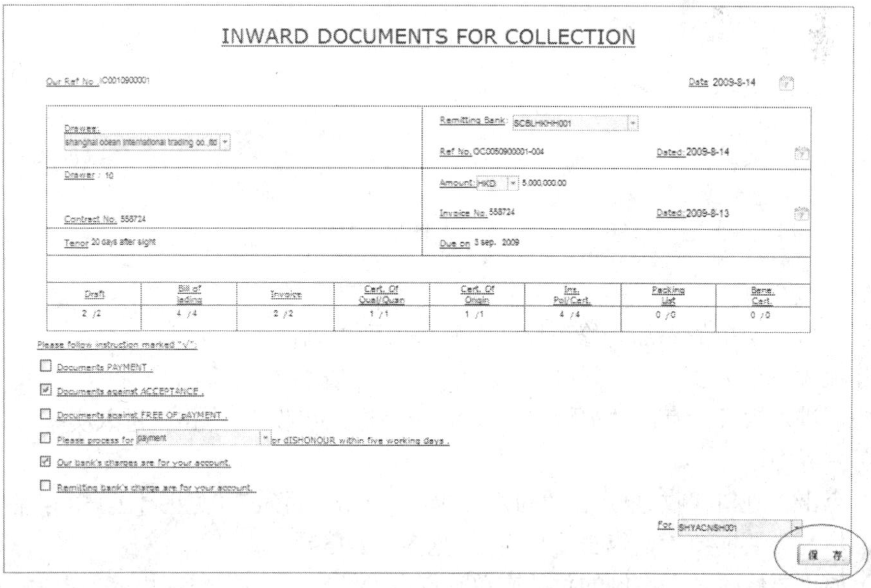

图［2-155］

3.3.2.4.4 承兑交单

功能：承兑交单的添加、修改。

操作流程：

首先，进入银行，点击“实验中心”，点击“进口代收”，点击“进入实验”，则进入银行业务主界面。

（1）点击“进口代收”，点击“承兑交单”，点击“承兑”，见图［2-156］；在跳出的业务界面填写必要的要素，点击“保存”，见图［2-157］。

（2）如果要修改某个案例的承兑交单，点击“承兑”，填写修改内容，点击“保存”，见图［2-156］。

图［2-156］

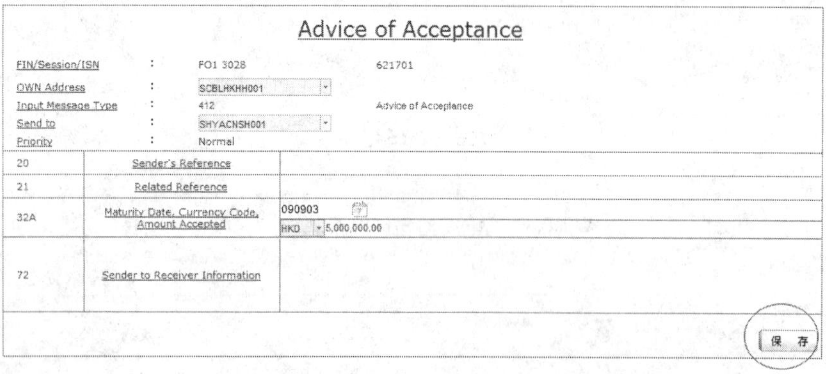

图［2-157］

3.3.2.4.5 付款交单

功能：付款交单的添加、修改以及查看进口到单确认。

操作流程：

首先，进入银行，点击“实验中心”，点击“进口代收”，点击“进入实验”，则进入银行业务主界面。

（1）点击“进口代收”，点击“付款交单”，点击“付款”，见图［2-158］；在跳出的业务界面填写必要的要素，点击“保存”，见图［2-159］。

（2）如果要修改某个案例的付款交单，点击“付款”，填写修改内容，点击“保存”，见图［2-158］。

（3）如果要查看某个案例的进口到单确认，点击“查看”，见图［2-158］。

图［2-158］

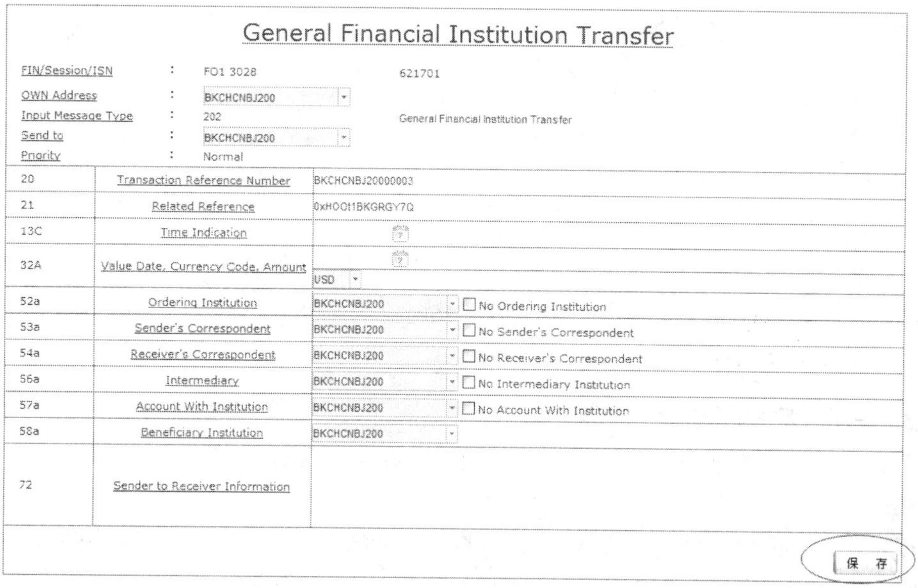

图［2-159］

3.3.2.4.6　拒承兑/拒付

功能：拒承兑/拒付的添加、修改以及查看托收拒付申请。

操作流程：

首先，进入银行，点击“实验中心”，点击“进口代收”，点击“进入实验”，则进入银行业务主界面。

（1）点击“进口代收”，点击“拒承兑/拒付”，点击“拒绝”，见图［2-160］；在跳出的业务界面填写必要的要素，点击“保存”，见图［2-161］。

（2）如果要修改某个案例的拒承兑/拒付，点击“拒绝”，填写修改内容，点击“保存”，见图［2-160］。

（3）如果要查看某个案例的托收拒付申请，点击“查看”，见图［2-160］。

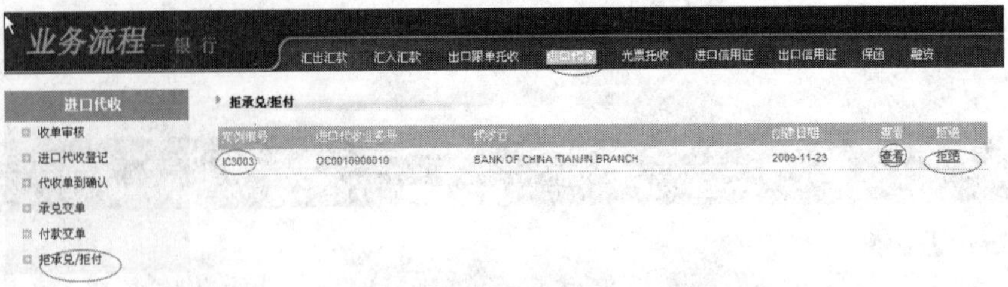

图［2-160］

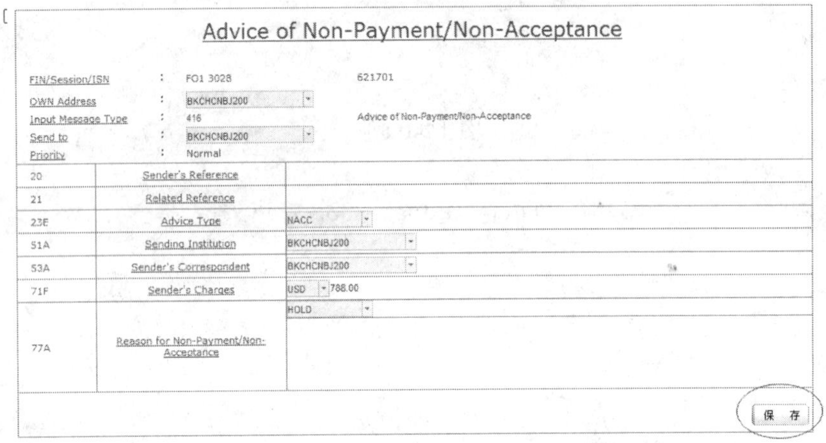

图［2-161］

3.3.2.5　光票托收

3.3.2.5.1　托收委托审核

功能：托收委托审核的添加、修改以及查看光票托收委托书。

操作流程：

首先，进入银行，点击“实验中心”，点击“光票托收”，点击“进入实验”，则进入银行业务主界面。

（1）点击“光票托收”，点击“托收委托审核”，点击“审核”，见图［2-162］；在跳出的业务界面填写必要的要素，点击“保存”，见图［2-163］。

（2）如果要修改某个案例的托收委托审核，点击“审核”，填写修改内容，点击“保存”，见图［2-162］。

（3）如果要查看某个案例的光票托收委托书，点击“查看”，见图［2-162］。

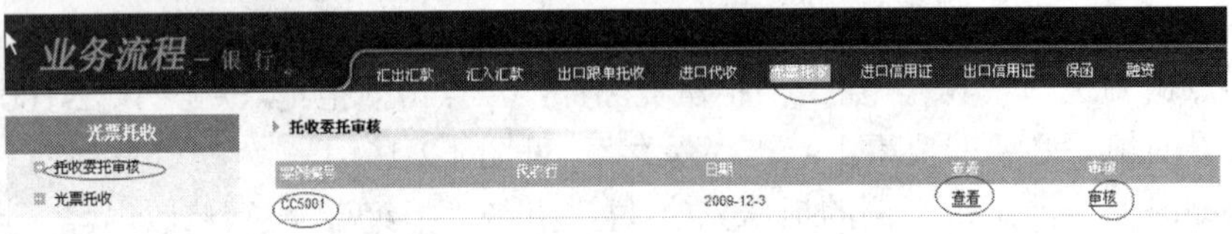

图［2-162］

图［2-163］

3.3.2.5.2　光票托收

功能：光票托收的添加、修改以及查看光票托收申请书。

操作流程：

首先，进入银行，点击“实验中心”，点击“光票托收”，点击“进入实验”，则进入银行业务主界面。

（1）点击“光票托收”，点击“光票托收”，点击“登记”，见图［2-164］；在跳出的业务界面填写必要的要素，点击“保存”，见图［2-165］。

（2）如果要修改某个案例的光票托收，点击“登记”，填写修改内容，点击“保存”，见图［2-164］。

（3）如果要查看某个案例的光票托收申请书，点击“查看”，见图［2-164］。

图［2-164］

图［2-165］

3.3.2.6 进口信用证

3.3.2.6.1 开证审核

功能：开证审核的添加、修改。

操作流程：

首先，进入银行，点击“实验中心”，点击“进口信用证”，点击“进入实验”，则进入银行业务主界面。

（1）点击“进口信用证”，点击“开证审核”，点击“审核”，见图［2-166］；在跳出的业务界面填写必要的要素，点击“保存”，见图［2-167］。

（2）如果要修改某个案例的开证审核，点击“审核”，填写修改内容，点击“保存”，见图［2-166］。

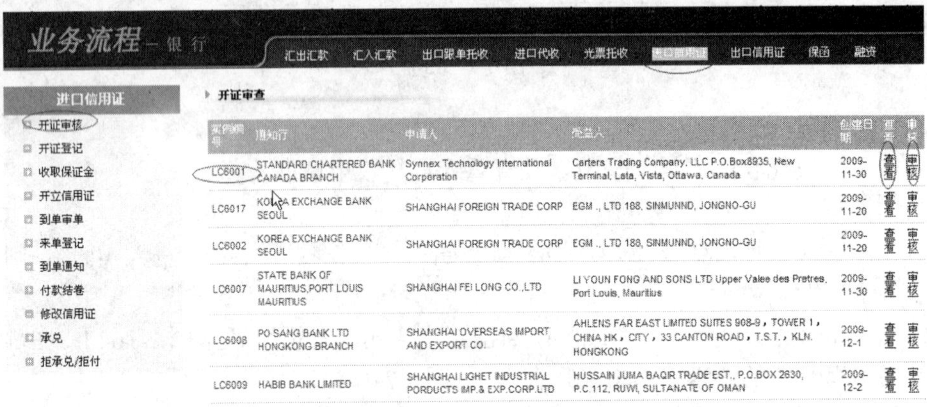

案例编号	通知行	申请人	受益人	创建日期	查看	审核
LC6001	STANDARD CHARTERED BANK CANADA BRANCH	Synnex Technology International Corporation	Carters Trading Company, LLC P.O.Box8935, New Terminal, Lata, Vista, Ottawa, Canada	2009-11-30	查看	审核
LC6017	KOREA EXCHANGE BANK SEOUL	SHANGHAI FOREIGN TRADE CORP	EGM., LTD 188, SINMUNND, JONGNO-GU	2009-11-20	查看	审核
LC6002	KOREA EXCHANGE BANK SEOUL	SHANGHAI FOREIGN TRADE CORP	EGM., LTD 188, SINMUNND, JONGNO-GU	2009-11-20	查看	审核
LC6007	STATE BANK OF MAURITIUS,PORT LOUIS MAURITIUS	SHANGHAI FEI LONG CO.,LTD	LI YOUN FONG AND SONS LTD Upper Valee des Pretres, Port Louis, Mauritius	2009-11-30	查看	审核
LC6008	PO SANG BANK LTD HONGKONG BRANCH	SHANGHAI OVERSEAS IMPORT AND EXPORT CO.	AHLENS FAR EAST LIMITED SUITES 908-9，TOWER 1，CHINA HK，CITY，33 CANTON ROAD，T.S.T.，KLN. HONGKONG	2009-12-1	查看	审核
LC6009	HABIB BANK LIMITED	SHANGHAI LIGHET INDUSTRIAL PORDUCTS IMP.& EXP.CORP.LTD	HUSSAIN JUMA BAQIR TRADE EST., P.O.BOX 2630, P.C.112, RUWI, SULTANATE OF OMAN	2009-12-2	查看	审核

图［2-166］

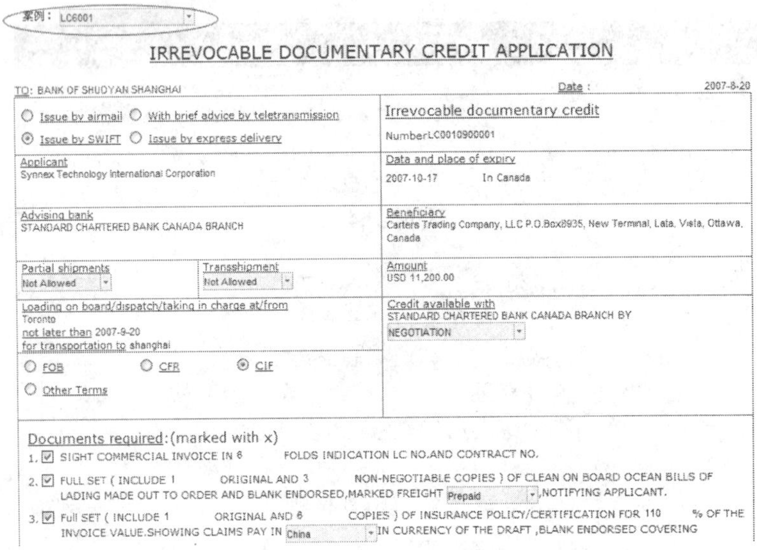

案例：LC6001

IRREVOCABLE DOCUMENTARY CREDIT APPLICATION

TO: BANK OF SHUOYAN SHANGHAI　　Date: 2007-8-20

Issue by airmail　With brief advice by teletransmission
Issue by SWIFT　Issue by express delivery

Irrevocable documentary credit
Number LC0010900001

Applicant
Synnex Technology International Corporation

Data and place of expiry
2007-10-17　In Canada

Advising bank
STANDARD CHARTERED BANK CANADA BRANCH

Beneficiary
Carters Trading Company, LLC P.O.Box8935, New Terminal, Lata, Vista, Ottawa, Canada

Partial shipments: Not Allowed　Transshipment: Not Allowed

Amount
USD 11,200.00

Loading on board/dispatch/taking in charge at/from
Toronto
not later than 2007-9-20
for transportation to shanghai

Credit available with
STANDARD CHARTERED BANK CANADA BRANCH BY
NEGOTIATION

FOB　CFR　CIF
Other Terms

Documents required:(marked with x)

1. SIGHT COMMERCIAL INVOICE IN 6 FOLDS INDICATION LC NO.AND CONTRACT NO.
2. FULL SET (INCLUDE 1 ORIGINAL AND 3 NON-NEGOTIABLE COPIES) OF CLEAN ON BOARD OCEAN BILLS OF LADING MADE OUT TO ORDER AND BLANK ENDORSED,MARKED FREIGHT Prepaid ,NOTIFYING APPLICANT.
3. Full SET (INCLUDE 1 ORIGINAL AND 6 COPIES) OF INSURANCE POLICY/CERTIFICATION FOR 110 % OF THE INVOICE VALUE.SHOWING CLAIMS PAY IN China IN CURRENCY OF THE DRAFT ,BLANK ENDORSED COVERING

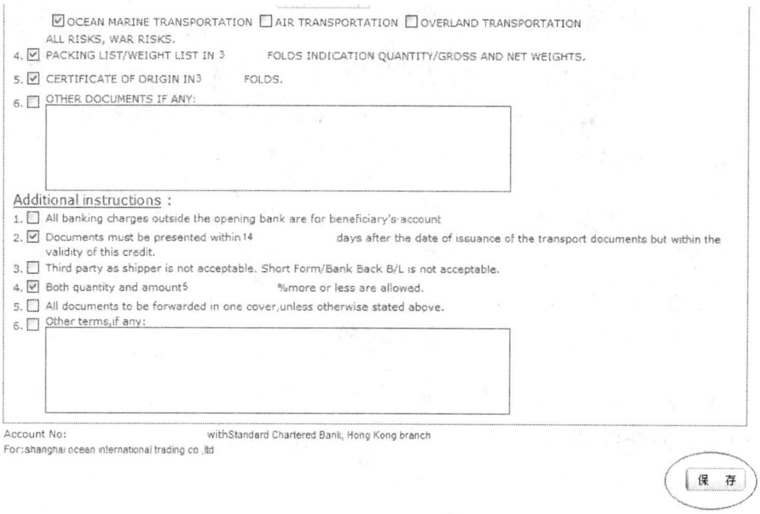

图［2-167］

3.3.2.6.2 开证登记

功能：开证登记的添加、修改。

操作流程：

首先，进入银行，点击“实验中心”，点击“进口信用证”，点击“进入实验”，则进入银行业务主界面。

（1）点击“进口信用证”，点击“开证登记”，点击“登记”，见图［2-168］；在跳出的业务界面填写必要的要素，点击“保存”，见图［2-169］。

（2）如果要修改某个案例的开证登记，点击“登记”，填写修改内容，点击“保存”，见图［2-168］。

（3）如果要查看某个案例的信用证申请书，点击“查看”，见图［2-168］。

图［2-168］

图［2-169］

3.3.2.6.3 收取保证金

功能：收取保证金的添加、修改以及查看信用证申请书。

操作流程：

首先，进入银行，点击“实验中心”，点击“进口信用证”，点击“进入实验”，则进入银行业务主界面。

（1）点击“进口信用证”，点击“收取保证金”，点击“收取”，见图［2-170］；在跳出的业务界面填写必要的要素，点击“保存”，见图［2-171］。

（2）如果要修改某个案例的收取保证金，点击“收取”，填写修改内容，点击“保存”，见图［2-170］。

（3）如果要查看某个案例的信用证申请书，点击“查看”，见图［2-170］。

图［2-170］

图［2-171］

3.3.2.6.4　开立信用证

功能：开立信用证的添加、修改以及查看信用证申请书。

操作流程：

首先，进入银行，点击“实验中心”，点击“进口信用证”，点击“进入实验”，则进入银行业务主界面。

（1）点击“进口信用证”，点击“开立信用证”，点击“开立”，见图［2-172］；在跳出的业务界面填写必要的要素，点击“保存”，见图［2-173］。

（2）如果要修改某个案例的开立信用证，点击“开立”，填写修改内容，点击“保存”，见图［2-172］。

（3）如果要查看某个案例的信用证申请书，点击“查看”，见图［2-172］。

图［2-172］

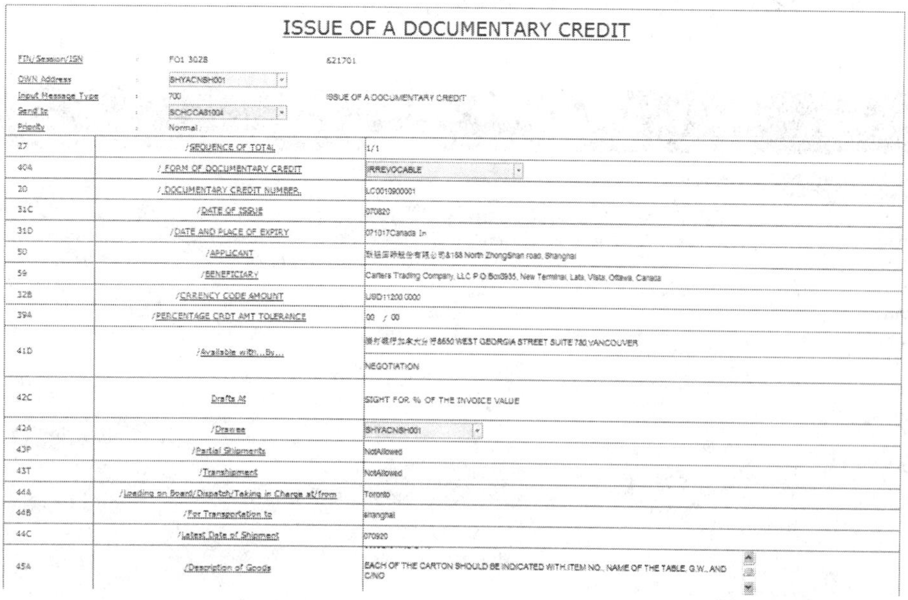

ISSUE OF A DOCUMENTARY CREDIT

FIN/Session/ISN	:	FO1 3028	621701
OWN Address	:	SHYACNSH001	
Input Message Type	:	700	ISSUE OF A DOCUMENTARY CREDIT
Send to	:	SCHOCA81004	
Priority	:	Normal	

27	/SEQUENCE OF TOTAL	1/1
40A	/ FORM OF DOCUMENTARY CREDIT	IRREVOCABLE
20	/ DOCUMENTARY CREDIT NUMBER.	LC0010900001
31C	/DATE OF ISSUE	070820
31D	/DATE AND PLACE OF EXPIRY	071017Canada In
50	/APPLICANT	[illegible]&188 North ZhongShan road, Shanghai
59	/BENEFICIARY	Carters Trading Company, LLC P.O.Box8935, New Terminal, Lata, Vista, Ottawa, Canada
32B	/CRRENCY CODE AMOUNT	USD11200.0000
39A	/PERCENTAGE CRDT AMT TOLERANCE	00 / 00
41D	/Available with...By...	[illegible]8650 WEST GEORGIA STREET SUITE 780 VANCOUVER NEGOTIATION
42C	Drafts At	SIGHT FOR % OF THE INVOICE VALUE
42A	/Drawee	SHYACNSH001
43P	/Partial Shipments	NotAllowed
43T	/Transhipment	NotAllowed
44A	/Loading on Board/Dispatch/Taking in Charge at/from	Toronto
44B	/For Transportation to	shanghai
44C	/Latest Date of Shipment	070920
45A	/Description of Goods	EACH OF THE CARTON SHOULD BE INDICATED WITH ITEM NO., NAME OF THE TABLE, G.W., AND C/NO

接上页表

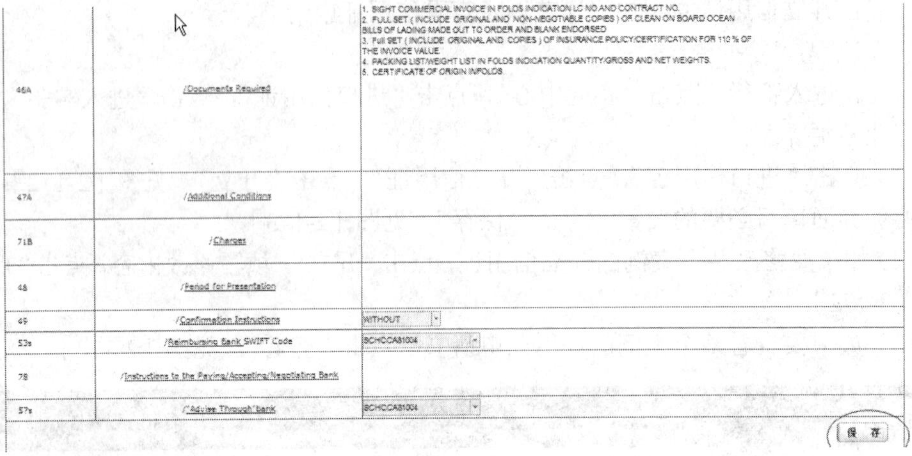

图［2-173］

3.3.2.6.5 到单审单

功能：到单审单的添加、修改以及查看信用证申请书。

操作流程：

首先，进入银行，点击“实验中心”，点击“进口信用证”，点击“进入实验”，则进入银行业务主界面。

（1）点击“进口信用证”，点击“到单审单”，点击“审单”，见图［2-174］；在跳出的业务界面填写必要的要素，点击“保存”，见图［2-175］。

（2）如果要修改某个案例的到单审单，点击“审单”，填写修改内容，点击“保存”，见图［2-174］。

（3）如果要查看某个案例的信用证申请书，点击“查看”，见图［2-174］。

图［2-174］

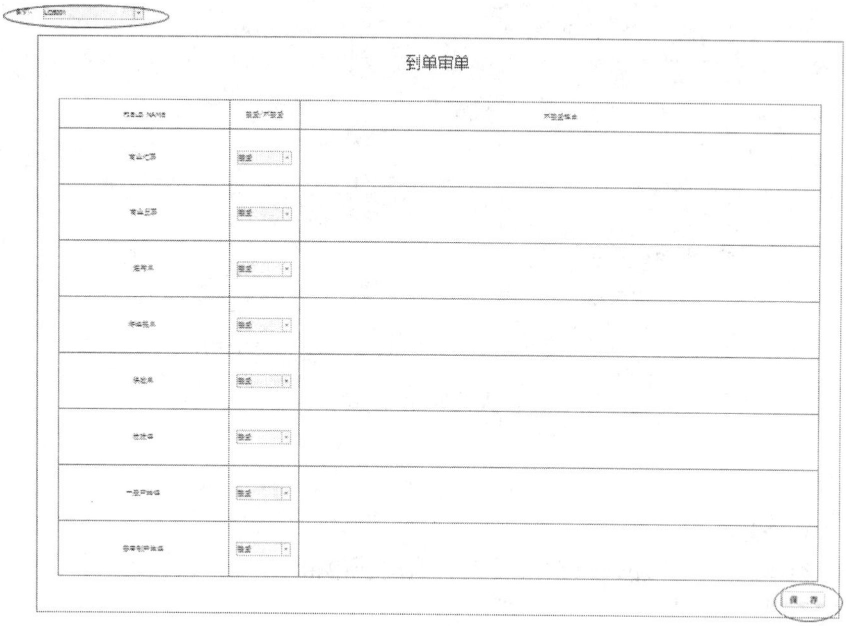

图［2-175］

3.3.2.6.6 来单登记

功能：来单登记的添加、修改以及查看信用证申请书。

操作流程：

首先，进入银行，点击“实验中心”，点击“进口信用证”，点击“进入实验”，则进入银行业务主界面。

（1）点击“进口信用证”，点击“来单登记”，点击“登记”，见图［2-176］；在跳出的业务界面填写必要的要素，点击“保存”，见图［2-177］。

（2）如果要修改某个案例的来单登记，点击“登记”，填写修改内容，点击“保存”，见图［2-176］。

（3）如果要查看某个案例的信用证申请书，点击“查看”，见图［2-176］。

图［2-176］

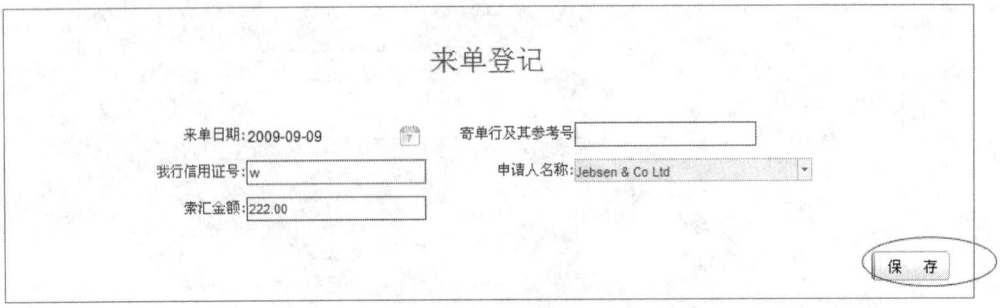

图［2-177］

3.3.2.6.7 到单通知

功能：到单通知的添加、修改以及查看信用证申请书。

操作流程：

首先，进入银行，点击“实验中心”，点击“进口信用证”，点击“进入实验”，则进入银行业务主界面。

（1）点击“进口信用证”，点击“到单通知”，点击“通知”，见图［2-178］；在跳出的业务界面填写必要的要素，点击“保存”，见图［2-179］。

（2）如果要修改某个案例的到单通知，点击“通知”，填写修改内容，点击“保存”，见图［2-178］。

（3）如果要查看某个案例的信用证申请书，点击“查看”，见图［2-178］。

图［2-178］

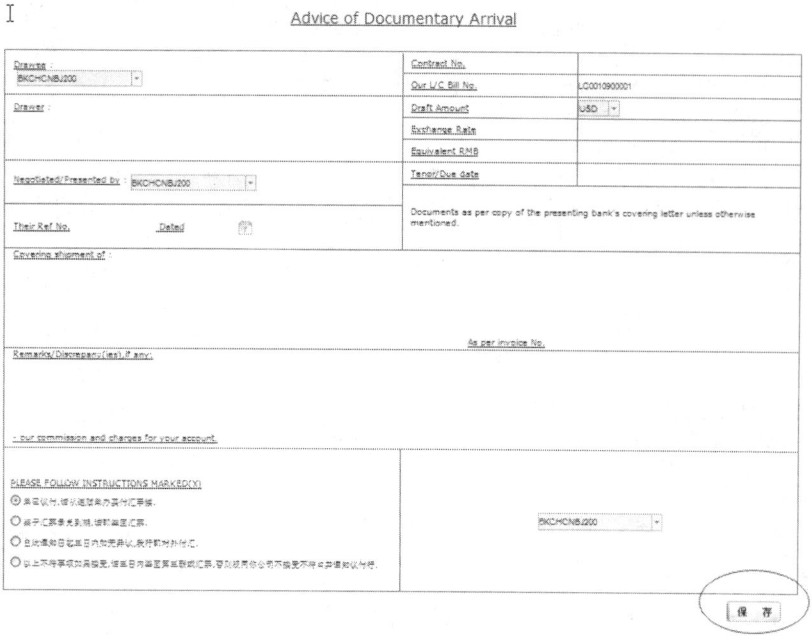

图［2-179］

3.3.2.6.8 付款结卷

功能：付款结卷的添加、修改以及查看信用证申请书。

操作流程：

首先，进入银行，点击“实验中心”，点击“进口信用证”，点击“进入实验”，则进入银行业务主界面。

（1）点击“进口信用证”，点击“付款结卷”，点击“付款”，见图［2-180］；在跳出的业务界面填写必要的要素，点击“保存”，见图［2-181］。

（2）如果要修改某个案例的付款结卷，点击“付款”，填写修改内容，点击“保存”，见图［2-180］。

（3）如果要查看某个案例的信用证申请书，点击“查看”，见图［2-180］。

图［2-180］

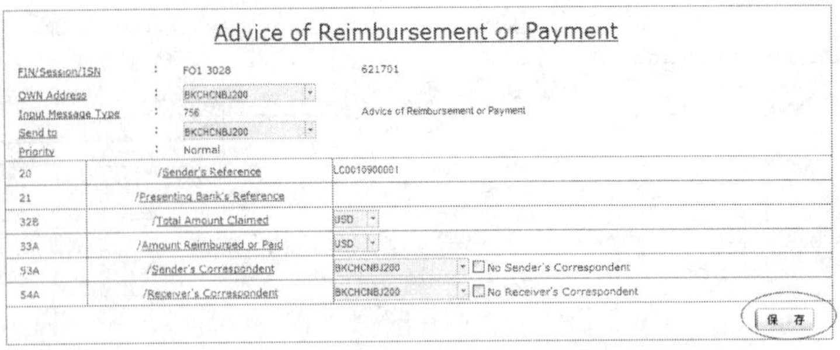

图［2-181］

3.3.2.6.9 修改信用证

功能：修改信用证的添加、修改以及查看修改信用证申请书。

操作流程：

首先，进入银行，点击“实验中心”，点击“进口信用证”，点击“进入实验”，则进入银行业务主界面。

（1）点击“进口信用证”，点击“修改信用证”，点击“修改”，见图［2-182］；在跳出的业务界面填写必要的要素，点击“保存”，见图［2-183］。

（2）点击“下一步”，在业务页面填写必填信息，点击“保存”，见图［2-184］。

（3）如果要修改某个案例的修改信用证，点击“修改”，步骤同添加，见图［2-182］。

（4）如果要查看某个案例的修改信用证申请书，点击“查看”，见图［2-182］。

图［2-182］

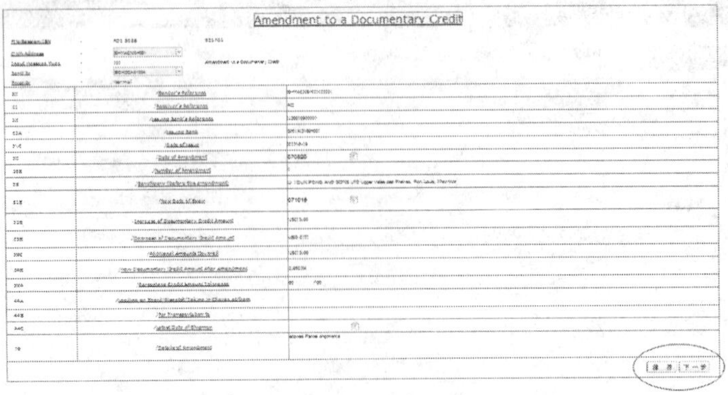

图［2-183］

图［2-184］

3.3.2.6.10　承兑

功能：承兑的添加、修改以及查看 MT700。

操作流程：

首先，进入银行，点击“实验中心”，点击“进口信用证”，点击“进入实验”，则进入银行业务主界面。

（1）点击“进口信用证”，点击“承兑”，点击“承兑”，见图［2-185］；在跳出的业务界面填写必要的要素，点击“保存”，见图［2-186］。

（2）如果要修改某个案例的承兑，点击“承兑”，填写修改内容，点击“保存”，见图［2-185］。

（3）如果要查看某个案例的 MT700，点击“查看”，见图［2-185］。

图［2-185］

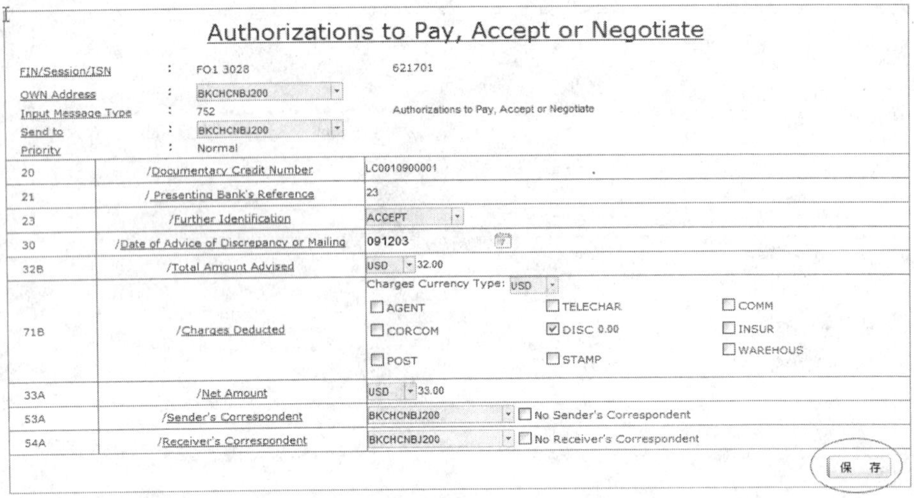

图［2-186］

3.3.2.6.11 拒承兑/拒付

功能：拒承兑/拒付的添加、修改以及查看信用证申请书。

操作流程：

首先，进入银行，点击“实验中心”，点击“进口信用证”，点击“进入实验”，则进入银行业务主界面。

（1）点击“进口信用证”，点击“拒承兑/拒付”，点击“拒绝”，见图［2-187］；在跳出的业务界面填写必要的要素，点击“保存”，见图［2-188］。

（2）如果要修改某个案例的拒承兑/拒付，点击“拒绝”，填写修改内容，点击“保存”，见图［2-187］。

（3）如果要查看某个案例的信用证申请书，点击“查看”，见图［2-187］。

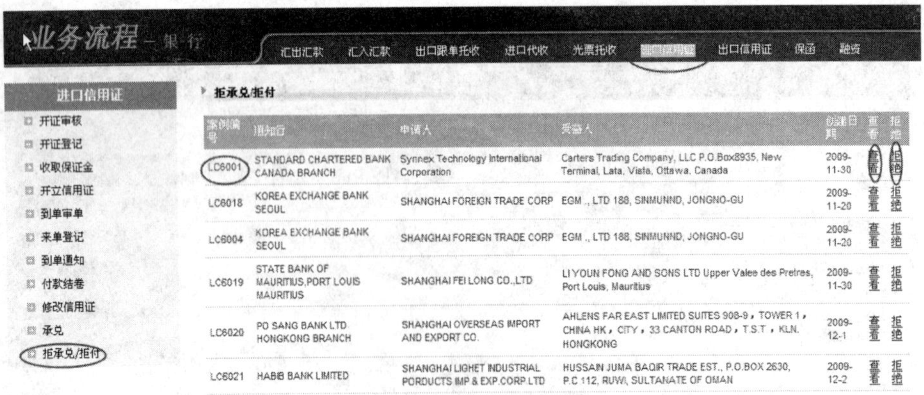

图［2-187］

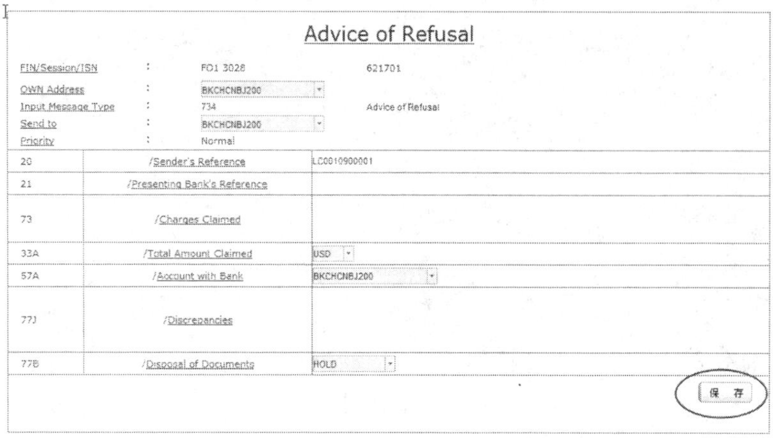

图［2-188］

3.3.2.7　出口信用证

3.3.2.7.1　来证登记

功能：信用证的添加、修改以及登记。

操作流程：

首先，进入银行，点击“实验中心”，点击“出口信用证”，点击“进入实验”，则进入银行业务主界面。

（1）点击“出口信用证”，点击“来证登记”，点击列表底部的“新建信用证”，见图［2-189］；在跳出的业务界面填写必要的要素，点击“保存”，见图［2-190］。

（2）如果要修改某个案例的信用证，点击“修改”，填写修改内容，点击“保存”，见图［2-189］。

（3）如果要对某个信用证做登记，点击“登记”，填写修改内容，点击“保存”，见图［2-191］。

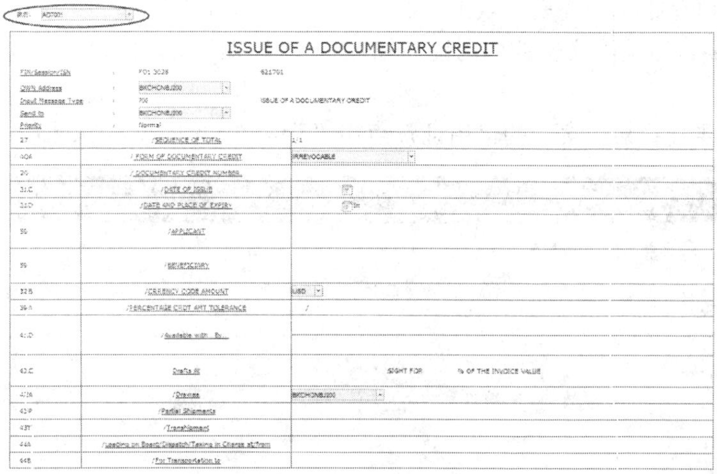

图［2-189］

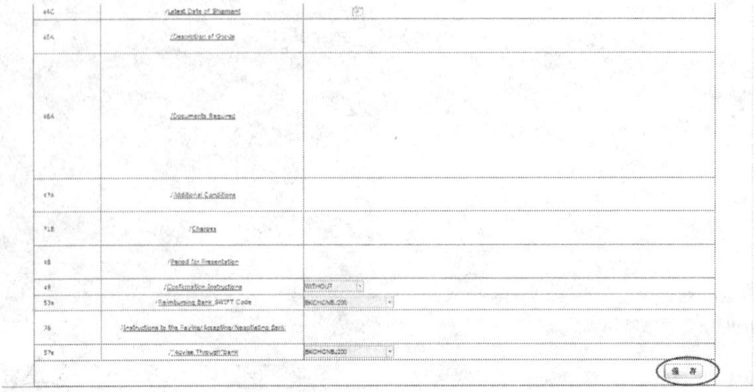

图［2-190］

图［2-191］

3.3.2.7.2 信用证通知

功能：信用证通知的添加、修改以及查看信用证。

操作流程：

首先，进入银行，点击“实验中心”，点击“出口信用证”，点击“进入实验”，则进入银行业务主界面。

（1）点击“出口信用证”，点击“信用证通知”，点击“通知”，见图［2-192］；在跳出的业务界面填写必要的要素，点击“保存”，见图［2-193］。

（2）如果要修改某个案例的信用证通知，点击“通知”，填写修改内容，点击“保存”，见图［2-192］。

（3）如果要查看某个案例的信用证，点击“查看”。见图［2-192］。

图［2-192］

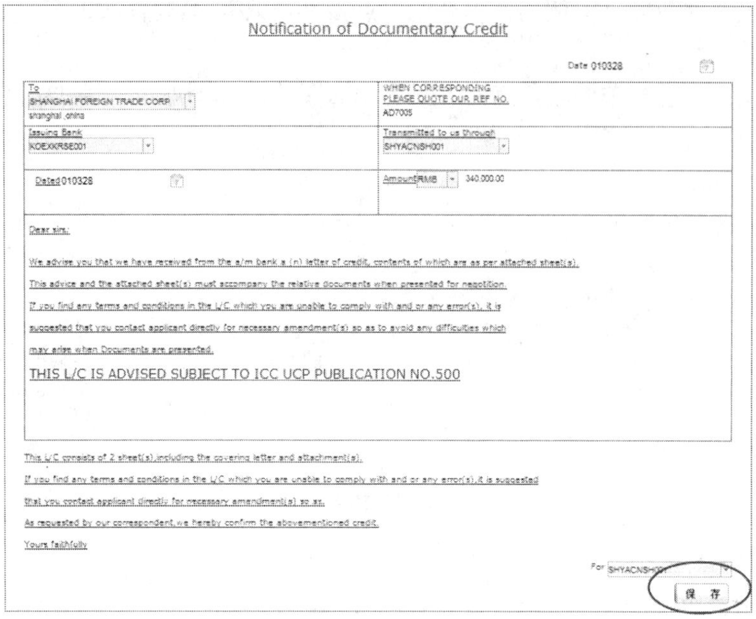
Notification of Documentary Credit
Date 010328
To
SHANGHAI FOREIGN TRADE CORP
shanghai china
WHEN CORRESPONDING
PLEASE QUOTE OUR REF NO.
AD7005
Issuing Bank
KOEXKRSE001
Transmitted to us through
SHYACNSH001
Dated 010328
Amount RMB 340,000.00
Dear sirs:
We advise you that we have received from the a/m bank a (n) letter of credit, contents of which are as per attached sheet(s).
This advice and the attached sheet(s) must accompany the relative documents when presented for negotiation.
If you find any terms and conditions in the L/C which you are unable to comply with and or any error(s), it is
suggested that you contact applicant directly for necessary amendment(s) so as to avoid any difficulties which
may arise when Documents are presented.
THIS L/C IS ADVISED SUBJECT TO ICC UCP PUBLICATION NO.500
This L/C consists of 2 sheet(s),including the covering letter and attachment(s).
If you find any terms and conditions in the L/C which you are unable to comply with and or any error(s),it is suggested
that you contact applicant directly for necessary amendment(s) so as.
As requested by our correspondent,we hereby confirm the abovementioned credit.
Yours faithfully
For SHYACNSH001
保 存

图［2-193］

3.3.2.7.3　寄单登记

功能：寄单登记的添加、修改以及对相关单据的查看、删除。

操作流程：

首先，进入银行，点击“实验中心”，点击“出口信用证”，点击“进入实验”，则进入银行业务主界面。

（1）点击“出口信用证”，点击“寄单登记”，点击“登记”，见图［2-194］；在跳出的业务界面填写必要的要素，点击“保存”，见图［2-195］。

业务流程 – 银行
汇出汇款
汇入汇款
出口跟单托收
进口代收
光票托收
进口信用证
保函
融资
出口信用证
来证登记
信用证通知
寄单登记
出口审单
寄单索汇
收汇解付结卷
寄单登记
AD7005　KOREA EXCHANGE BANK SEOUL　BANK OF SHUOYAN SHANGHAI　BANK OF SHUOYAN SHANGHAI　2009-12-4　查看　登记
AD7009　BANK OF SHUOYAN SHANGHAI　BANK OF CHINA TIANJIN BRANCH　STANDARD CHARTERED BANK CANADA BRANCH　2009-11-23　查看　登记
AD7009　BANK OF CHINA TIANJIN BRANCH　BANK OF CHINA TIANJIN BRANCH　BANK OF CHINA TIANJIN BRANCH　2009-11-23　查看　登记
AD7010　BANK OF CHINA TIANJIN BRANCH　BANK OF CHINA TIANJIN BRANCH　BANK OF CHINA TIANJIN BRANCH　2009-11-23　查看　登记
AD7002　CITI BANK SINGAPORE BRANCH　BANK OF SHUOYAN SHANGHAI　BANK OF SHUOYAN SHANGHAI　2009-12-4　查看　登记
［相关单据］
商业汇票　出口商　2009-12-3 16:29:46　查看详情　删除
一般产地证　出口商　2009-11-19 16:43:36　查看详情　删除

图［2-194］

（2）如果要修改某个案例的寄单登记，点击“登记”，填写修改内容，点击“保存”，见图［2-194］。

（3）如果要查看相关票据，点击“查看详细”；如果要删除某个票据，点击“删除”，见图［2-194］。

图［2-195］

3.3.2.7.4 出口审单

功能：出口审单的添加、修改以及对相关单据的查看、删除。

操作流程：

首先，进入银行，点击“实验中心”，点击“出口信用证”，点击“进入实验”，则进入银行业务主界面。

（1）点击“出口信用证”，点击“出口审单”，点击“审单”，见图［2-196］；在跳出的业务界面填写必要的要素，点击“保存”，见图［2-197］。

（2）如果要修改某个案例的出口审单，点击“审单”，填写修改内容，点击“保存”，见图［2-196］。

（3）如果要查看相关票据，点击“查看详细”；如果要删除某个票据，点击“删除”，见图［2-196］。

图［2-196］

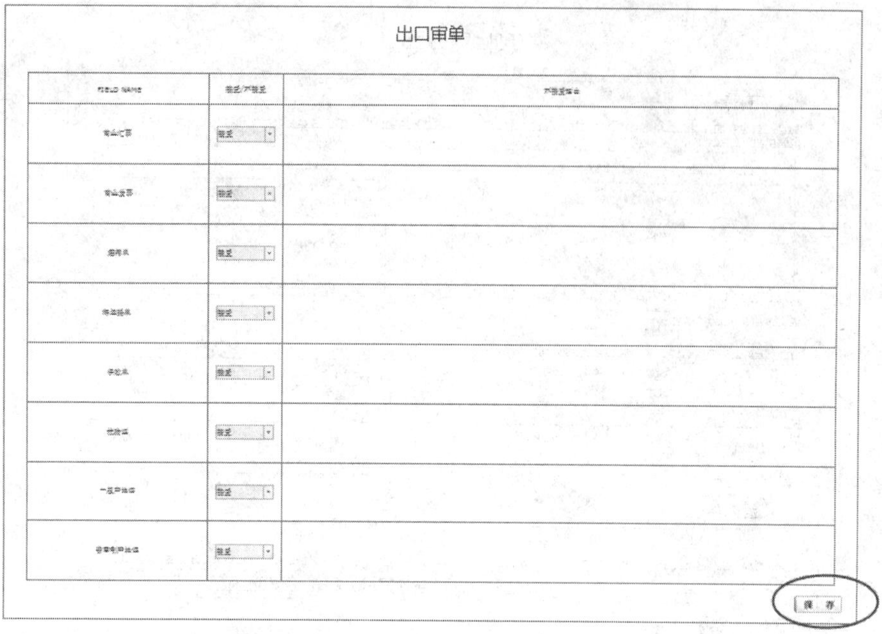

图［2-197］

3.3.2.7.5　寄单索汇

功能：寄单索汇的添加、修改以及查看信用证、附件。

操作流程：

首先，进入银行，点击“实验中心”，点击“出口信用证”，点击“进入实验”，则进入银行业务主界面。

（1）点击“出口信用证”，点击“寄单索汇”，点击“索汇”，见图［2-198］；在跳出的业务界面填写必要的要素，点击“保存”，见图［2-199］。

（2）如果要修改某个案例的寄单索汇，点击“索汇”，填写修改内容，点击“保存”，见图［2-198］。

（3）如果要查看某个案例的信用证或是附件，点击“查看”或是“附件”。见图［2-198］。

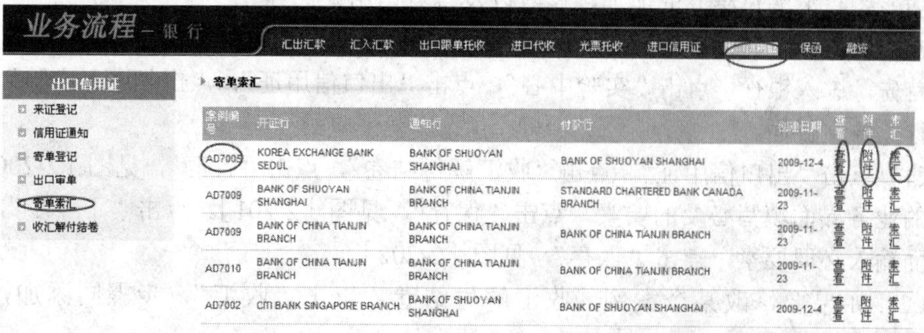

图［2-198］

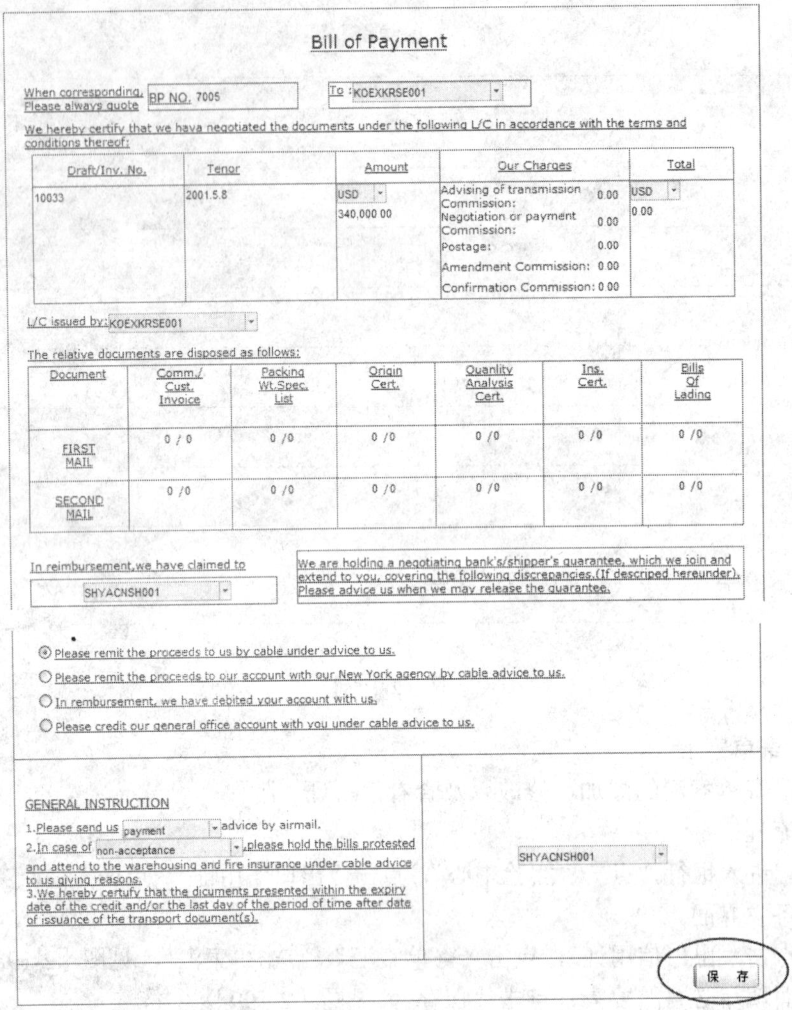

Bill of Payment

When corresponding, Please always quote BP NO. 7005 To: KOEXKRSE001

We hereby certify that we hava negotiated the documents under the following L/C in accordance with the terms and conditions thereof:

Draft/Inv. No.	Tenor	Amount	Our Charges	Total
10033	2001.5.8	USD 340,000.00	Advising of transmission Commission: 0.00 Negotiation or payment Commission: 0.00 Postage: 0.00 Amendment Commission: 0.00 Confirmation Commission: 0.00	USD 0.00

L/C issued by: KOEXKRSE001

The relative documents are disposed as follows:

Document	Comm./Cust. Invoice	Packing Wt.Spec. List	Origin Cert.	Quanlity Analysis Cert.	Ins. Cert.	Bills Of Lading
FIRST MAIL	0 / 0	0 /0	0 /0	0 /0	0 /0	0 /0
SECOND MAIL	0 /0	0 /0	0 /0	0 /0	0 /0	0 /0

In reimbursement,we have claimed to SHYACNSH001

We are holding a negotiating bank's/shipper's guarantee, which we join and extend to you, covering the following discrepancies.(If descriped hereunder). Please advice us when we may release the guarantee.

- Please remit the proceeds to us by cable under advice to us.
- Please remit the proceeds to our account with our New York agency by cable advice to us.
- In rembursement, we have debited your account with us.
- Please credit our general office account with you under cable advice to us.

GENERAL INSTRUCTION

1.Please send us payment advice by airmail.

2.In case of non-acceptance, please hold the bills protested and attend to the warehousing and fire insurance under cable advice to us giving reasons.

3.We hereby certufy that the dicuments presented within the expiry date of the credit and/or the last day of the period of time after date of issuance of the transport document(s).

SHYACNSH001

保 存

图［2-199］

3.3.2.7.6 收汇解付结卷

功能：收汇解付结卷的添加、修改以及查看信用证。

操作流程：

首先，进入银行，点击“实验中心”，点击“出口信用证”，点击“进入实验”，则进入银行业务主界面。

（1）点击“出口信用证”，点击“收汇解付结卷”，点击“收汇”，见图［2-200］；在跳出的业务界面填写必要的要素，点击“保存”，见图［2-201］。点击“下一步”，在业务界面输入必要要素，点击“保存”，见图［2-202］。

（2）如果要修改某个案例的收汇解付结卷，点击“收汇”，步骤同添加，见图［2-200］。

（3）如果要查看某个案例的信用证，点击“查看”，见图［2-200］。

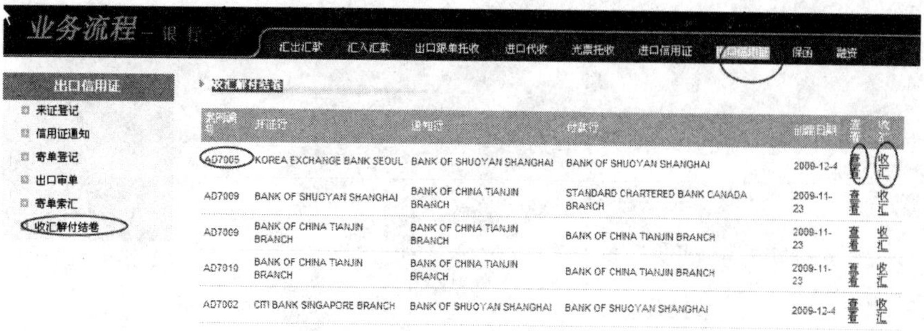

图［2-200］

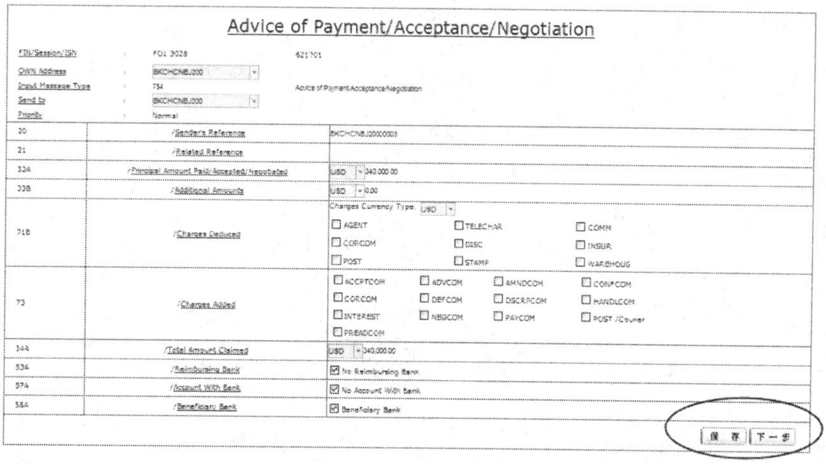

图［2-201］

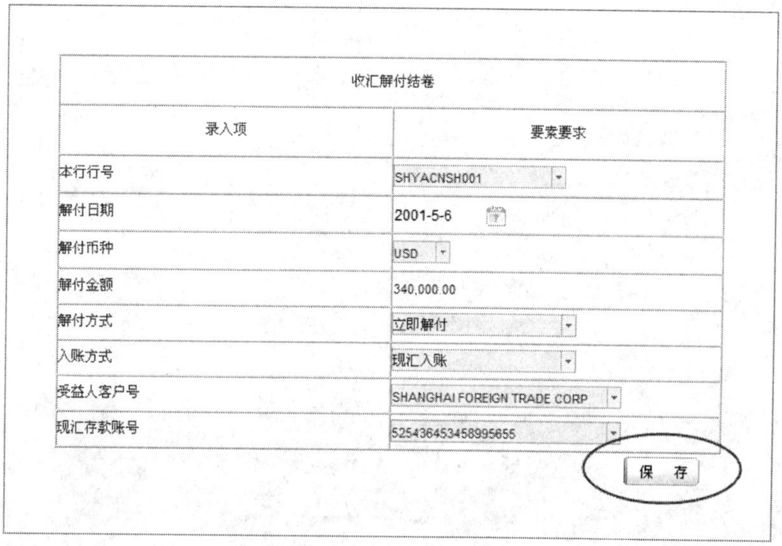

图［2-202］

实训三

国际货运代理专项实训

1 系统概要

国际货物买卖大都远隔重洋，买卖双方必须借助海、陆、空等不同的运输方式和不同的交通工具才能实现货物的流动。货主为了货物的安全、运输便捷、节省费用、降低成本，便要广泛收集交通运输方面的信息，方能选择到最佳及最新的运输方式、最好的承运人和支付最便宜的费用。但事实上绝大多数单纯经营国际贸易的货主，限于人力、物力，很难做到这些，而且往往由于对某一环节的疏漏或不谙有关手续的办理而事倍功半，甚至造成经济损失。于是，国际货运代理行业应运而生，他们在长期的实践中积累了丰富的代理经验，熟悉运输业务，了解不同交通工具的载货特点，掌握各条运输路线的动态。本系统提供了两个角色——船公司、货贷公司，供学生模拟操作，使学生从不同的角度了解国际货贷的操作流程。

随着社会经济的发展以及我国加入世界贸易组织，国际货代业蓬勃兴起，从而加剧了国际货代行业对人才的需求。应市场的需求，上海硕研信息科技发展有限公司组织人员，在听取了大量专业人士的意见和建议的基础上，经过潜心研发，推出了这套《国际货代实验室教学软件》，希望这套软件能给广大相关专业学生提供一个实践的平台，让他们在学习理论知识的同时，通过系统模拟的操作，对国际货代的含义及流程有更深的理解；同时，通过该软件进行教学，可以改变传统的教学模式，减轻教师的教学负担，使理论性的教学不再枯燥，提高教学质量。

2 用户流程

图［3-1］为系统各个用户的登录界面，用户包括管理员、教师及学生这三个角色，用户只需要输入相应的用户名和密码即可登录相应的界面。系统设置了各个用户的不用操作内容及权限。首先来看一下管理系统，即管理员和教师端的操作：

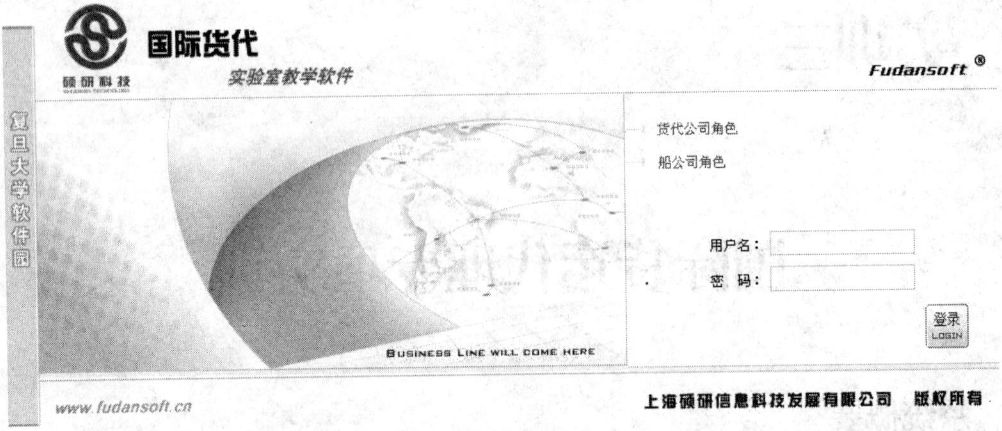

图［3-1］

2.1 管理员操作

用户名为admin，密码为1。登录后，进入图［3-2］：

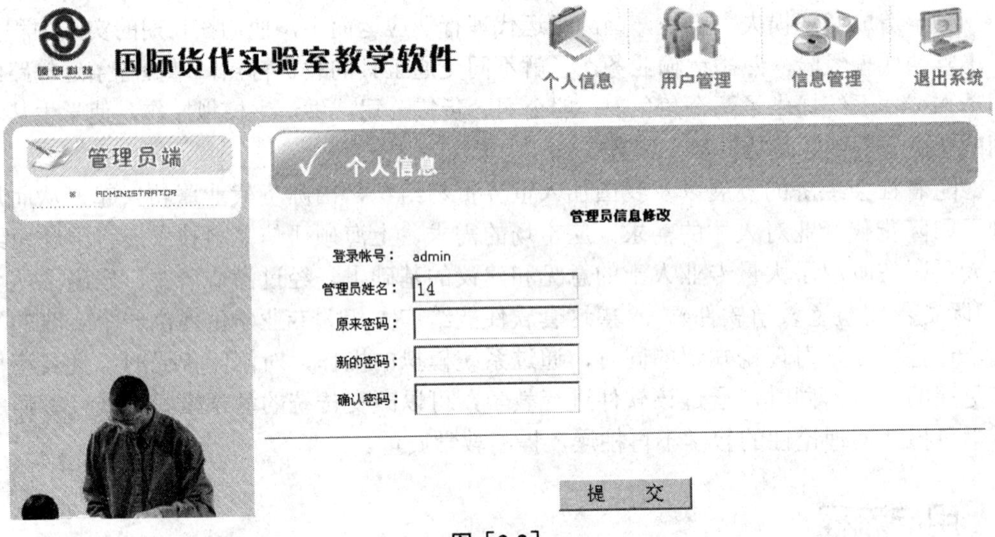

图［3-2］

管理员具有最高的管理权限，主要功能为修改个人资料、添加和管理教师用户。管理员端分为个人信息、用户管理以及信息管理三个模块。

2.1.1 个人信息

用户首先看到的是个人信息模块，管理员可以在此进行姓名和密码的更改。注意在输入密码时不要留下空格键，否则可能会产生密码错误或两次输入的密码不一致等问题。将信息填写完毕后，点击“提交”信息就修改成功了。见图［3-3］。

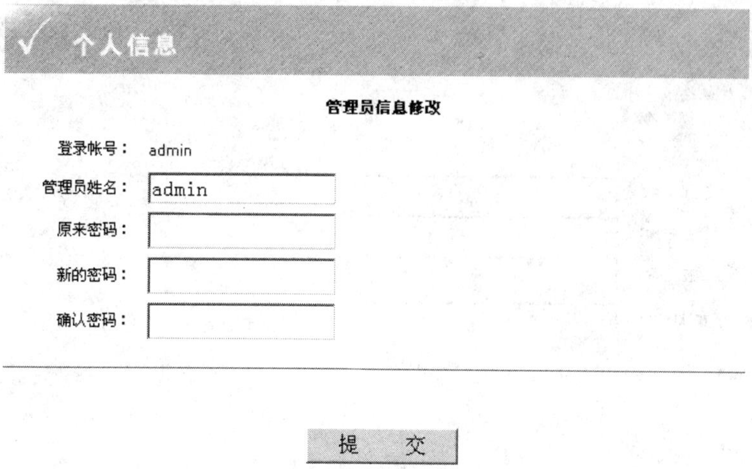

图［3-3］

2.1.2　用户管理

用户管理模块可对已有教师进行删除。见图［3-4］。

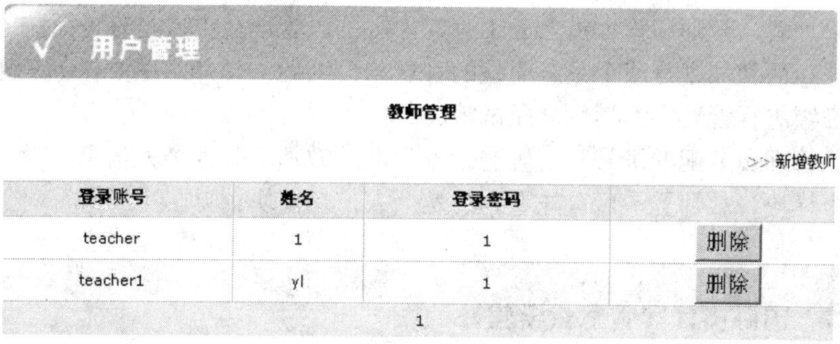

图［3-4］

注意：若该教师名下有学生存在则不可删除，要想删除，必须先删除该教师名下的学生。见图［3-5］。

图［3-5］

2.1.3　信息管理

信息管理模块可以增加教师用户，另外，也可通过“教师管理”模块中“新增教师”按钮添加。管理员直接在相应的栏目里填写教师的登录账号、登录姓名及密码，然后点击“提交”即可。见图［3-6］。

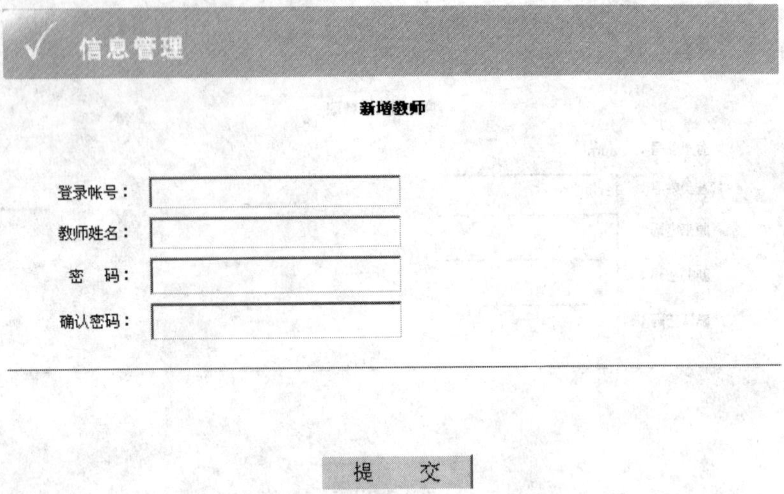

图［3-6］

2.2 教师操作

作为管理者，教师和管理员的分工有较大区别。管理员主要是维护系统的数据，进行后台管理；而教师则是整个系统流程的管理与控制者。教师的主要任务是注册并审核学生，对班级进行管理，为学生分配试验。

教师以管理员分配的账号和密码登录教师端。教师端分为个人信息、学生管理、教师管理三个模块。教师登录后首先看到的是个人信息模块。见图［3-7］。

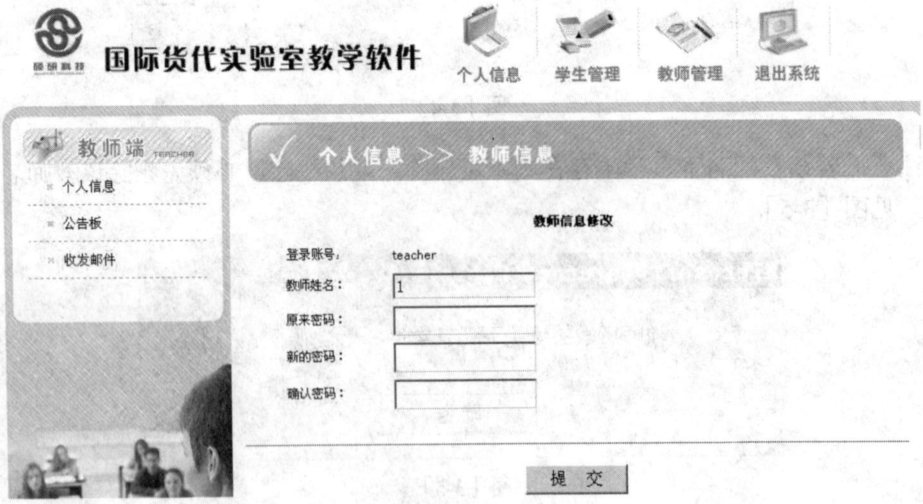

图［3-7］

2.2.1 个人信息

个人信息：教师的姓名与密码、登录账号均是管理员在管理员端自行添加的。为了方便记忆及维护此账号的安全性等原因，教师可在此对密码及姓名自行修改（登录账号是不可修改的)，将新信息填写完毕点击“提交”即可，见图［3-8］。管理员端只可对教师进行删除的操作，但是不可查看教师的账号密码，所以请教师务必记清自己的新密码，以免忘记而无法登录。

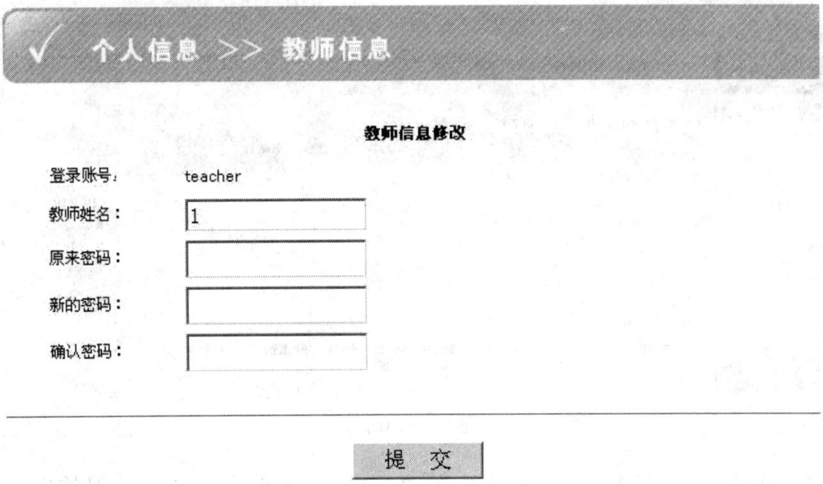

图［3-8］

2.2.1.1　公告板

公告板是教师发布信息的工具。教师可在此布置本次实验的操作内容和要求。见图［3-9］。

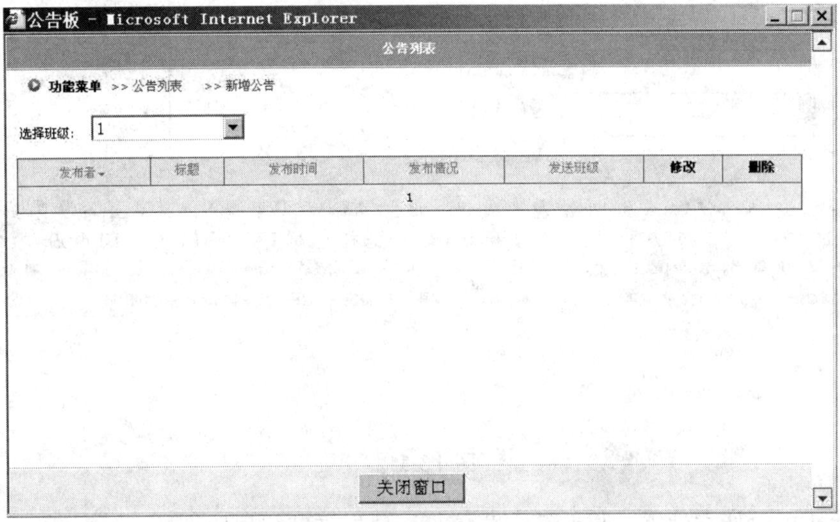

图［3-9］

打开“公告板”，进入如上窗口，见图［3-9］。该页面将列出教师已发布的所有公告。

要新增公告，点击“新增公告”按钮，填写标题，输入公告内容，选择发布公告的班级，点击“发布公告”即可。也可对已发布的公告进行修改，方法与新增公告类似。要删除已发布的公告信息，点击“删除”即可。

2.2.1.2 邮件系统

邮件系统是教师与学生、学生与学生在线交流、互动学习的平台。

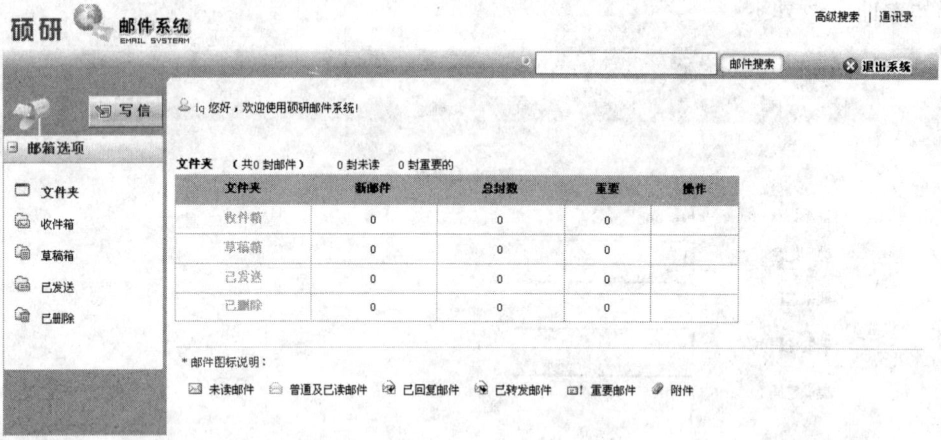

图［3-10］

写邮件，直接点击图［3-10］页面中的“写信”，其使用方法与一般的电子邮件系统相同，在此不再赘述。见图［3-11］。

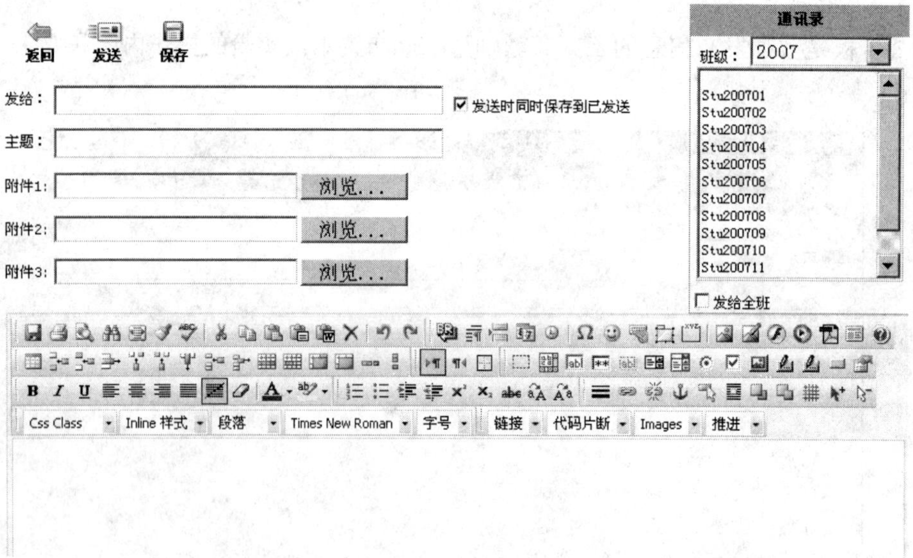

图［3-11］

邮件选项包括文件夹、收件箱、草稿箱、已发送、已删除。

文件夹是整体信息概览的地方。通过查看文件夹可以了解收件箱、草稿箱、已发送、已删除的信息情况。

收件箱即是收信息箱，这里包含的是别人发给自己的邮件。选择你所在的班级，即可选择你想查看的邮件。“草稿箱”放置信件的草稿。“已发送”和“已删除”分别存放已发送的信件和已删除的信件。见图［3-12］。

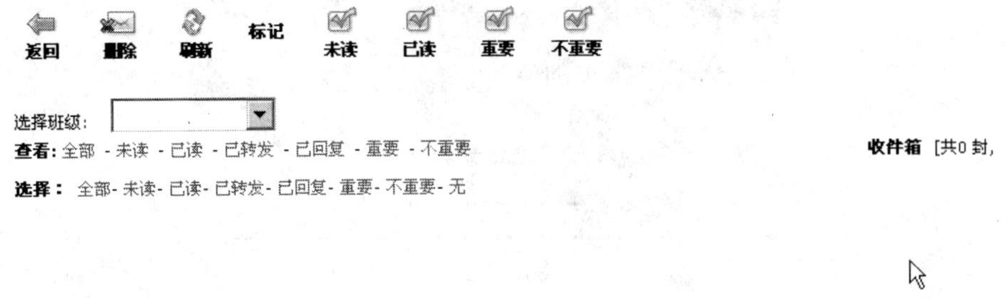

图［3-12］

2.2.2　学生管理实训

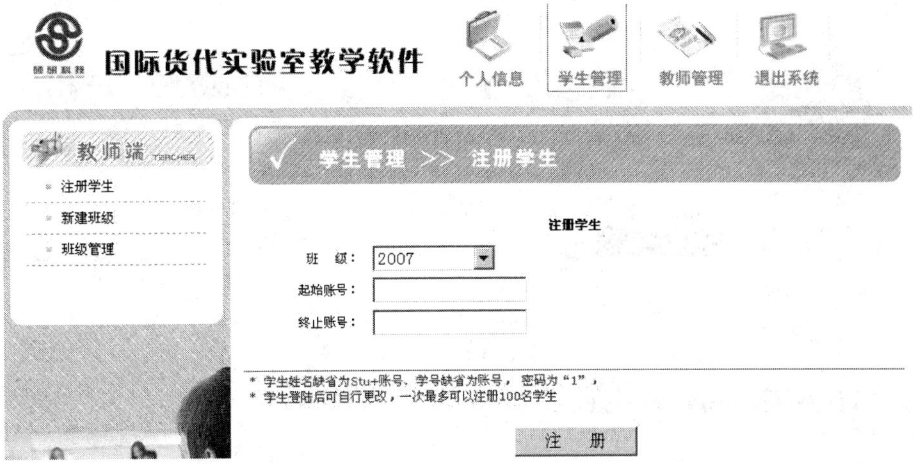

图［3-13］

学生管理模块包括注册学生、新建班级、班级管理三个子模块，见图［3-13］。下面我们分别来看一下这几个模块。

2.2.2.1　新建班级

新建的教师登录后，首先需要创建班级。填写班级名称，点击“提交”即可，见图［3-14］。提示创建班级成功。见图［3-15］。

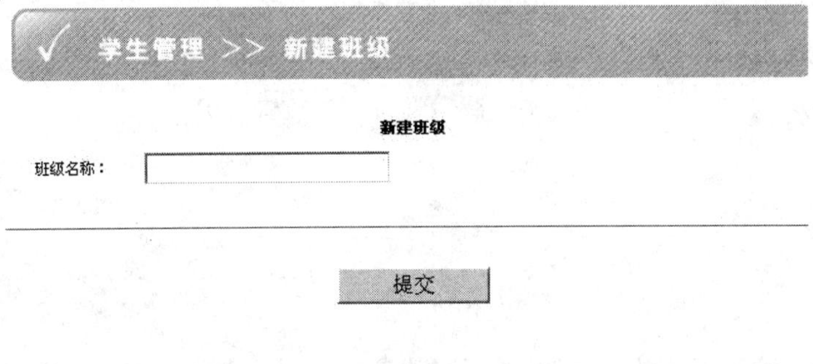

图［3-14］

图［3-15］

2.2.2.2 注册学生

班级建立完毕，可向该班级中添加学生。此处可进行批量添加。填写起始账号及终止账号（一般为学生学号，且学号连续），点击“注册”，见图［3-16］。学生添加完毕（密码缺省为1）。

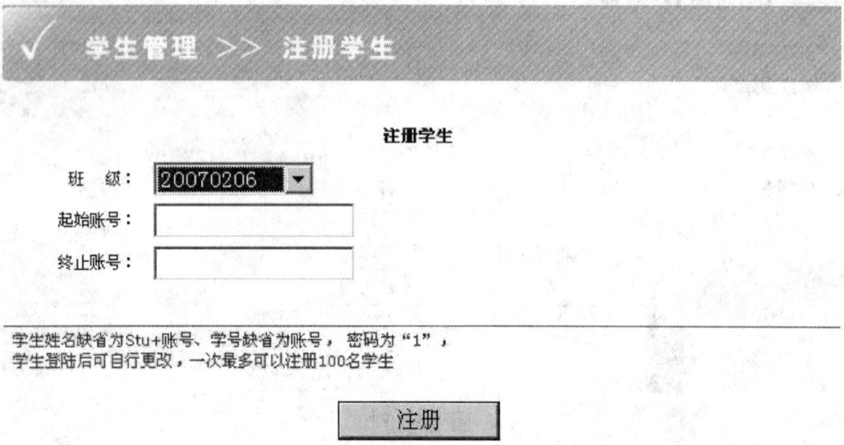

图［3-16］

2.2.2.3 班级管理

班级编号	班级名称	管理	删除
178	2007	管理	删除
179	2008	管理	删除
1			

图［3-17］

进入“班级管理”模块，显示所有已建立的班级，教师可在此对班级进行管理或删除，见图［3-17］。点击“管理”按钮，进入图［3-18］页面，可删除已添加的学生：

学生管理 >> 班级管理

学生列表

学号	姓名	密码	删除
200701	Stu200701	1	删除
200702	Stu200702	1	删除
200703	Stu200703	1	删除
200704	Stu200704	1	删除
200705	Stu200705	1	删除
200706	Stu200706	1	删除
200707	Stu200707	1	删除
200708	Stu200708	1	删除
200709	Stu200709	1	删除
200710	Stu200710	1	删除

上一页 下一页

全部删除　返　回

图［3-18］

注意：系统设置每班 2 人/组，角色分别为货代公司和船舶公司，可轮换角色。如果删除组中的一名成员，则组中另一名成员也被删除。另外，要删除班级，必须先删除学生，否则点击“删除”按钮，会出现如下提示，见图［3-19］。

图［3-19］

2.2.3　教师管理

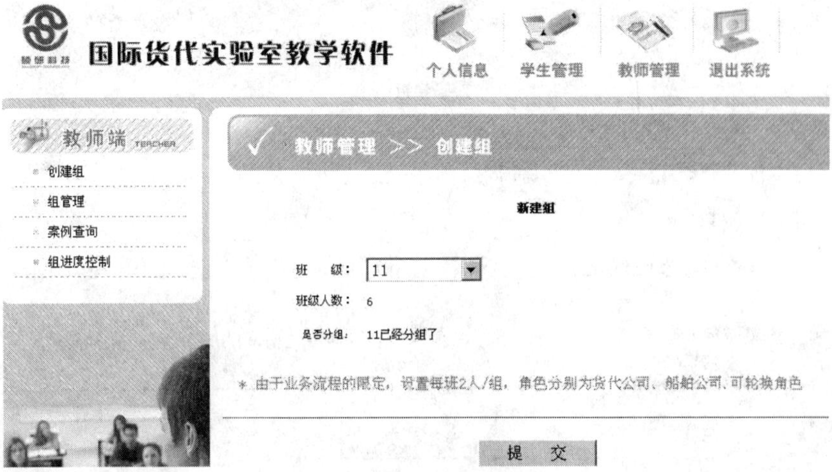

图［3-20］

教师管理模块包括创建组、组管理、案例查询、组进度控制四个子模块。见图[3-20]。

2.2.3.1 创建组

教师管理页面可以对学生进行组分配。选中要做试验的班级，直接点击“提交”即可对该班级内的学生进行分组。系统设置为每班 2 人/组，角色分别为货代公司和船舶公司。可轮换角色，如果添加的学生不能整分，则其中有一人一组。见图［3-21］。

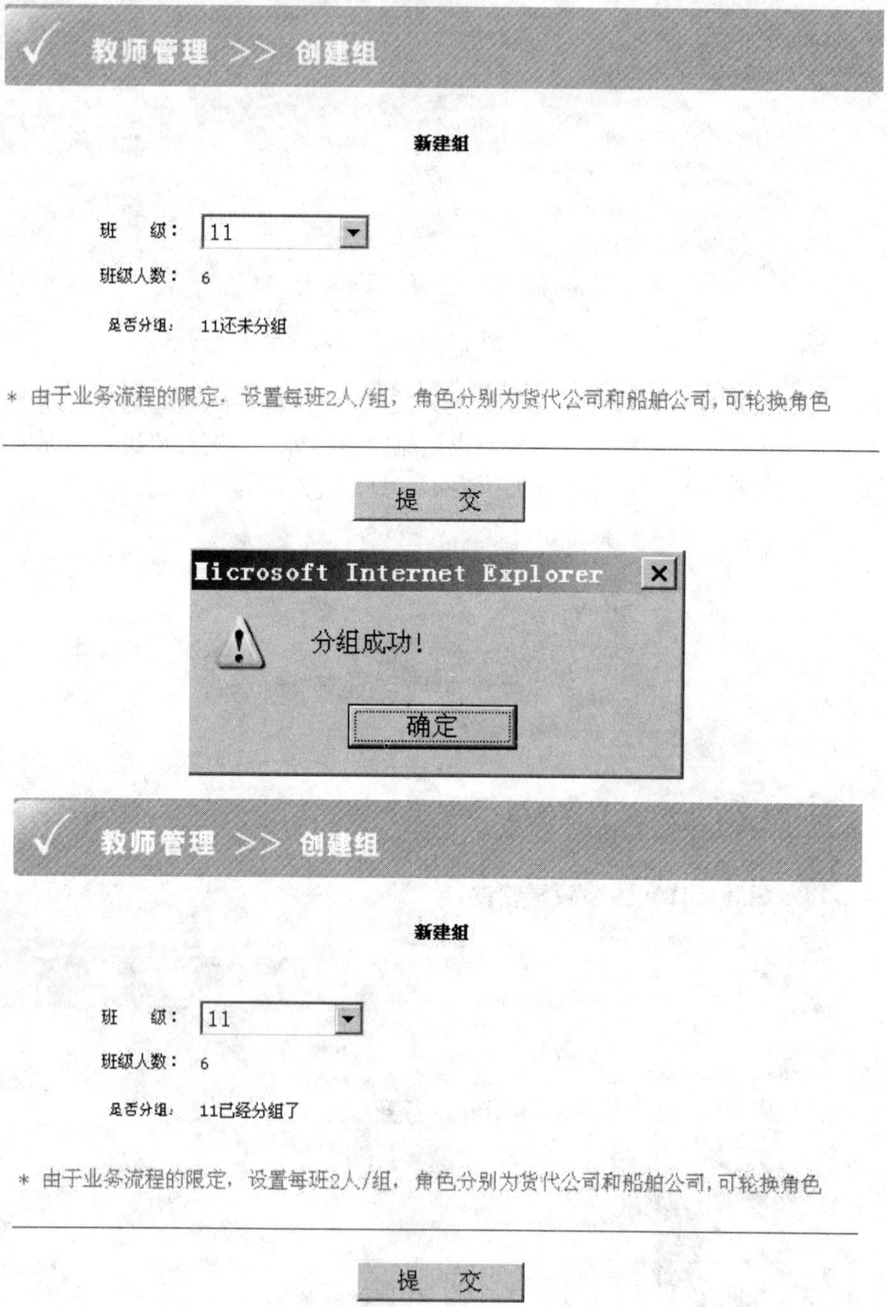

图［3-21］

2.2.3.2　组管理

组管理模块列表中可查看组成员及成员的角色类型。见图［3-22］。

学生姓名	公司类型
Stu1105	船公司
Stu1105	货代公司
Stu1102	船公司
Stu1102	货代公司
上页 下页	

图［3-22］

2.2.3.3　案例查询

对系统内的各个案例进行添加、修改或删除。

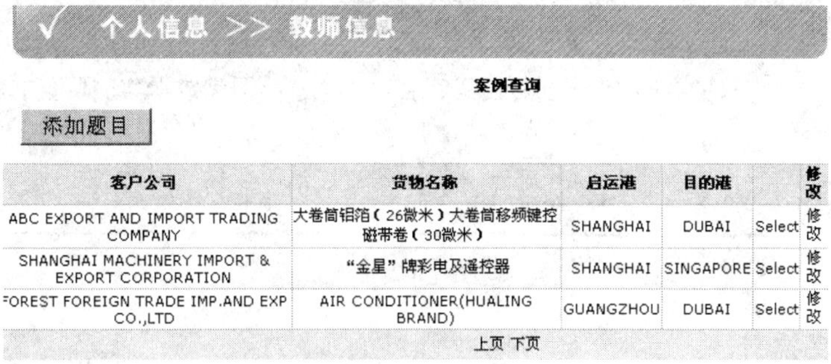

客户公司	货物名称	启运港	目的港		修改
ABC EXPORT AND IMPORT TRADING COMPANY	大卷筒铝箔（26微米）大卷筒移频键控磁带卷（30微米）	SHANGHAI	DUBAI	Select	修改
SHANGHAI MACHINERY IMPORT & EXPORT CORPORATION	"金星"牌彩电及遥控器	SHANGHAI	SINGAPORE	Select	修改
OREST FOREIGN TRADE IMP.AND EXP CO.,LTD	AIR CONDITIONER(HUALING BRAND)	GUANGZHOU	DUBAI	Select	修改
上页 下页					

图［3-23］

点击"添加题目"按钮，添加新的案例，见图［3-23］。直接点击"保存"即可，见图［3-24］。

客户公司	货物名称	启运港	
SHANGHAI QIANJIN CO.,LTD	GOLF CAPS	SHANGHAI	Y
HANGHAI HUANG TRADE CO., LTD.	CARTONS CANNED MUSHROOMS PIECES & STEMS	SHANGHAI	
IVING IMPORT & EXPORT CO. LTD	354 CARTONS OF PAINT BRUSHES	SHANGHAI	
IVING IMPORT & EXPORT CO. LTD	压扫膀捷片	SHANGHAI	
IVING IMPORT & EXPORT CO. LTD	TRANSMISSION BELT	SHANGHAI	
上页 下页			

图［3-24］

点击“修改”按钮，可以修改现有案例的背景信息。见图［3-25］。

图［3-25］

点击“删除此行”出现如下提示，见图［3-26］。

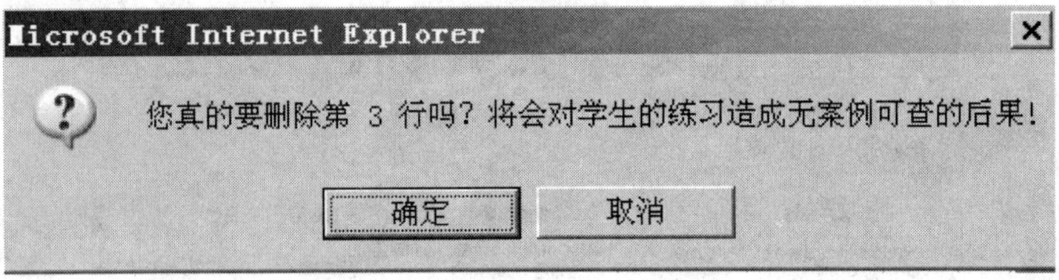

图［3-26］

2.2.3.4 组进度控制

教师可以通过组进度控制表的显示了解学生的试验进度。见图［3-27］。

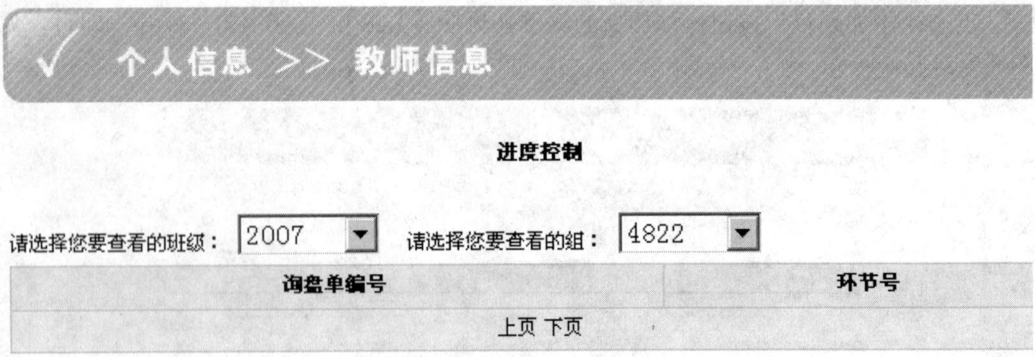

图［3-27］

2.3 学生端

学生根据教师给定的账号和密码登录，显示如下选择公司页面，见图［3-28］。

图［3-28］

系统提供两个角色——货代公司和船公司，供学生模拟操作，使学生从不同的角度了解国际货代的操作流程。

点击“个人资料”，系统会弹出一个对话框，这是学生用户登录后修改个人资料的地方，这里的资料只和登录 ID 有关，不会随着角色的改变而改变。登录 ID 是不可修改的，姓名和登录密码则可以自己随意设置，方便下次登录。将资料按提示修改后，点击“提交”，见图［3-29］。系统会提示“信息更新成功”，退出后再次登录就需使用新的密码了。

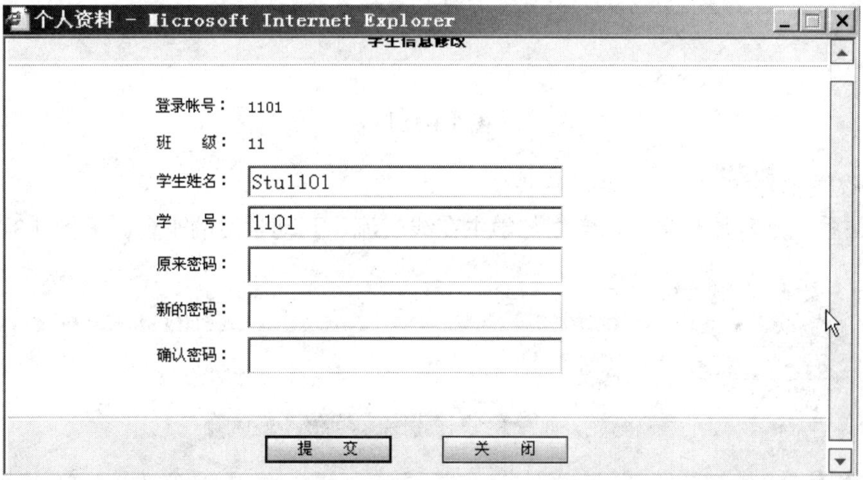

图［3-29］

2.3.1　货代公司

首先，学生以货代公司的角色进入系统。货代公司模块由销售管理、订舱、装箱、报关、保险、装船、费用结算七个子模块组成。见图［3-30］。

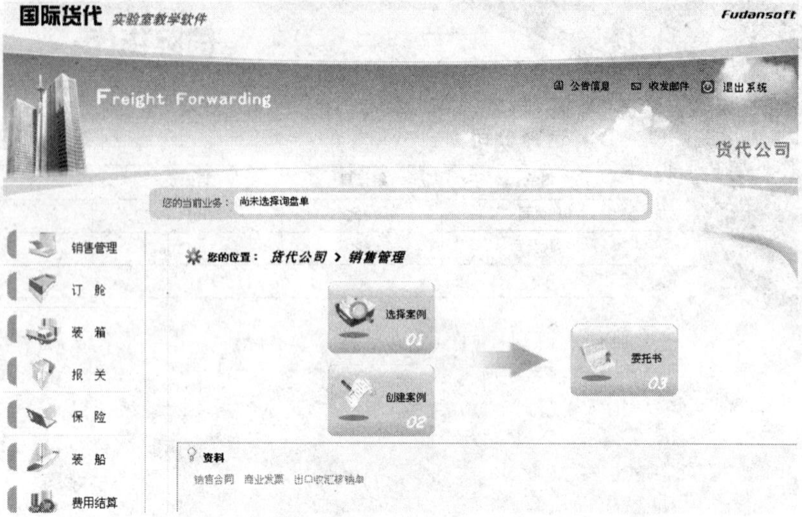

图［3-30］

❖ 公告板

公告板是老师发布信息的工具，学生在此可查看老师发布的信息。即使不是该教师负责的学生，也可以查看到这个教师发布的公告。见图［3-31］。

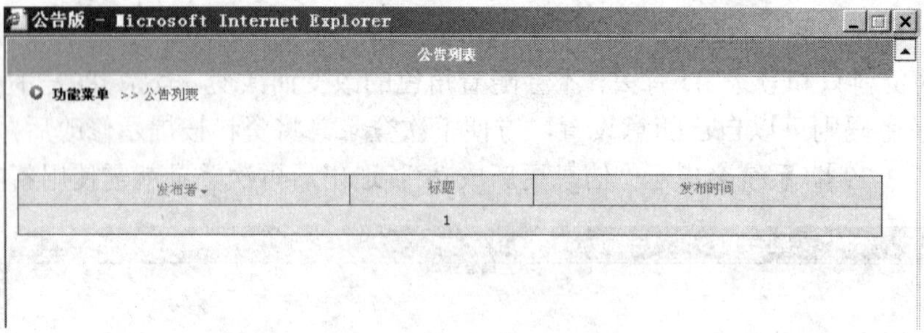

图［3-31］

❖ 收发邮件

邮件系统是教师与学生、学生与学生在线交流、互动学习的平台。见图［3-32］。

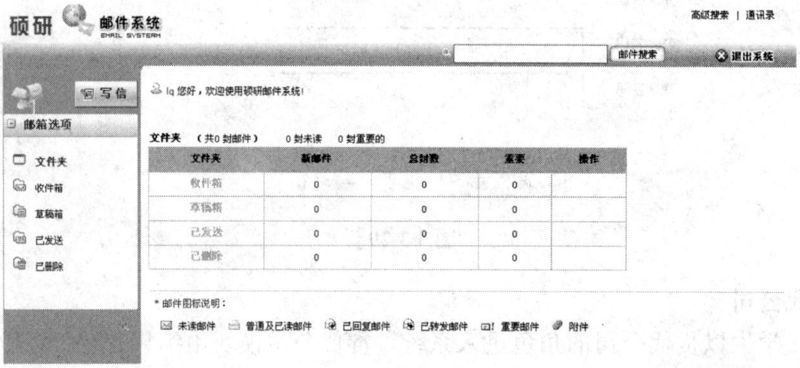

图［3-32］

写邮件，直接点击上图页面中的“写信”，其使用方法同一般的电子邮件系统，在此不再赘述。见图［3-33］。

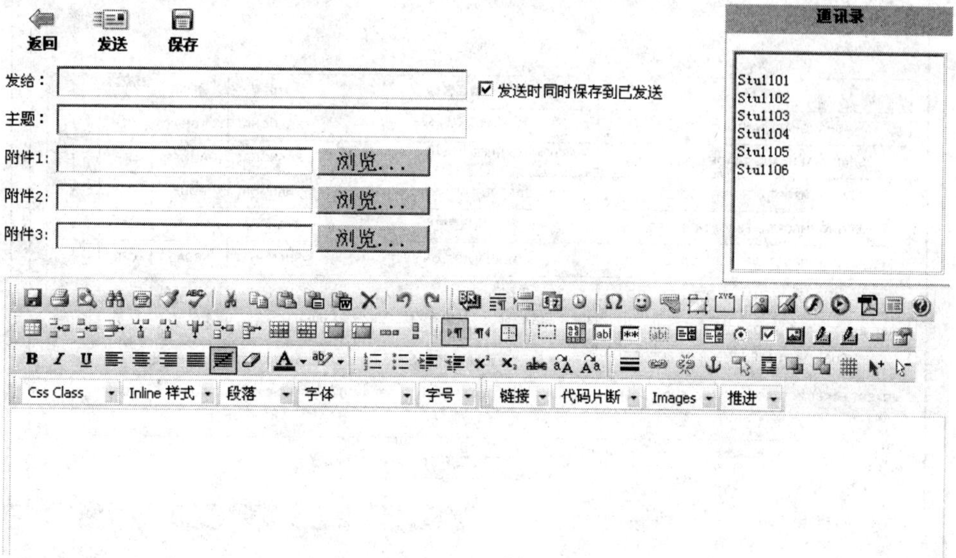

图［3-33］

2.3.1.1　销售管理

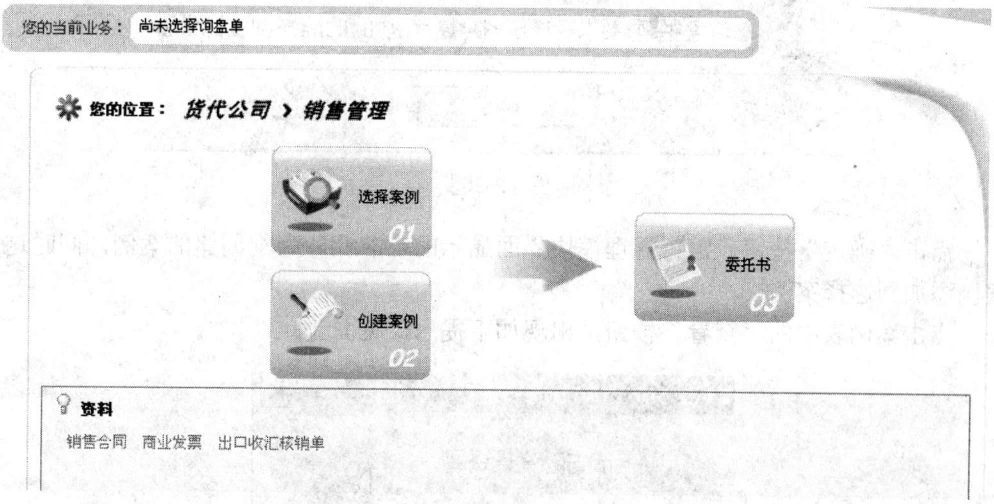

图［3-34］

从图［3-34］的销售管理界面，首先看到的是当前的业务，显示的是学生所选择的案例，下面是销售管理的模块组成图及系统提供的资料。

2.3.1.1.1 创建案例

客户	商品名称	启运港	目的港	成交方式		
SHANGHAI QIANJIN CO.,LTD	GOLF CAPS	SHANGHAI	YOKOHAMA	CIF	查看	创建
SHANGHAI HUANG TRADE CO., LTD.	CARTONS CANNED MUSHROOMS PIECES & STEMS	SHANGHAI	DAMMAM	CFR	查看	创建
LIVING IMPORT & EXPORT CO. LTD	354 CARTONS OF PAINT BRUSHES	SHANGHAI	KOBE	CIF	查看	创建
LIVING IMPORT & EXPORT CO. LTD	压扫痨捷片	SHANGHAI	BANGKOK	CFR	查看	创建
LIVING IMPORT & EXPORT CO. LTD	TRANSMISSION BELT	SHANGHAI	ASSAB	CFR	查看	创建
MINGUANG (SHANGHAI) GLOVES CO.,LTD	橡胶浸涂的针织手套及裁片	SHANGHAI	MONTREAL	FOB	查看	创建
ABC EXPORT AND IMPORT TRADING COMPANY	大卷筒铝箔（26微米）大卷筒移频键控磁带卷（30微米）	SHANGHAI	DUBAI	CFR	查看	创建
SHANGHAI MACHINERY IMPORT & EXPORT CORPORATION	“金星”牌彩电及遥控器	SHANGHAI	SINGAPORE	CIF	查看	创建
FOREST FOREIGN TRADE IMP.AND EXP CO.,LTD	AIR CONDITIONER(HUALING BRAND)	GUANGZHOU	DUBAI	FOB	查看	创建
1						

图［3-35］

案例表显示了老师添加的案例，点击“创建”按钮，出现如下提示，见图［3-36］。

图［3-36］

点击“确定”按钮，销售管理模块界面显示的当前业务为刚创建的案例，同时这个案例添加到选择案例模块中。

点击案例表中的“查看”按钮，出现如下提示，见图［3-37］。

图［3-37］

通过查看系统资料可以了解案例的信息。

2.3.1.1.2　选择案例

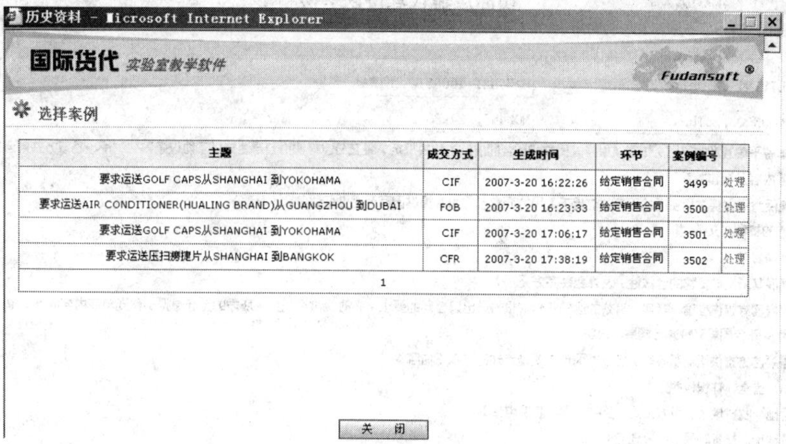

主题	成交方式	生成时间	环节	案例编号	
要求运送GOLF CAPS从SHANGHAI 到YOKOHAMA	CIF	2007-3-20 16:22:26	结定销售合同	3499	处理
要求运送AIR CONDITIONER(HUALING BRAND)从GUANGZHOU 到DUBAI	FOB	2007-3-20 16:23:33	结定销售合同	3500	处理
要求运送GOLF CAPS从SHANGHAI 到YOKOHAMA	CIF	2007-3-20 17:06:17	结定销售合同	3501	处理
要求运送压扫捞捷片从SHANGHAI 到BANGKOK	CFR	2007-3-20 17:38:19	结定销售合同	3502	处理
1					

图［3-38］

选择案例表中列出了我们创建的案例，点击“处理”按钮，见图［3-38］。出现如下提示，见图［3-39］。

图［3-39］

点击“确定”即在当前业务中显示所选择的案例。见图［3-40］。

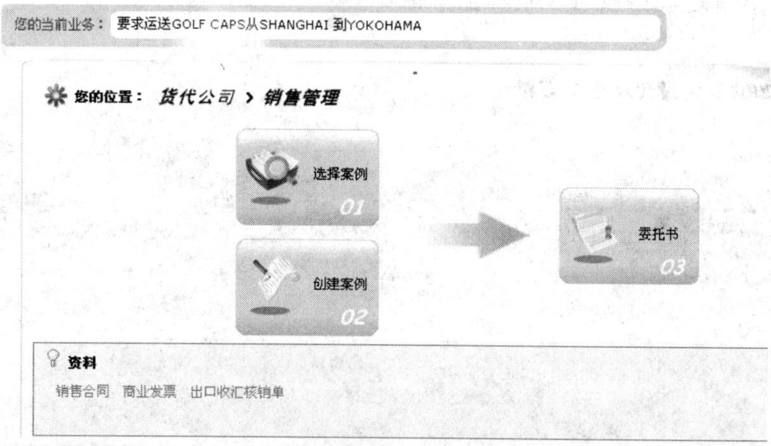

图［3-40］

2.3.1.1.3　委托书

客户一旦确认了报价，同意该公司代理运输后，需要客户以书面形式委托货运公司。

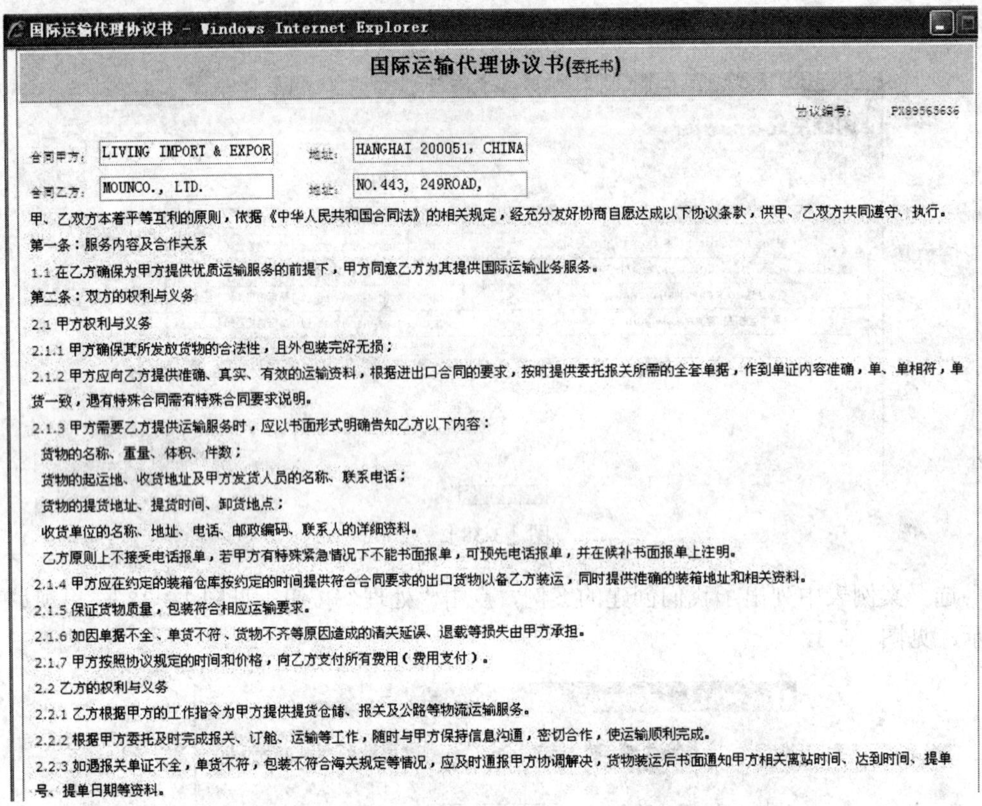

国际运输代理协议书 - Windows Internet Explorer

国际运输代理协议书(委托书)

协议编号: PX89565636

合同甲方: LIVING IMPORT & EXPOR 地址: HANGHAI 200051, CHINA

合同乙方: MOUNCO., LTD. 地址: NO.443, 249ROAD,

甲、乙双方本着平等互利的原则，依据《中华人民共和国合同法》的相关规定，经充分友好协商自愿达成以下协议条款，供甲、乙双方共同遵守、执行。

第一条：服务内容及合作关系

1.1 在乙方确保为甲方提供优质运输服务的前提下，甲方同意乙方为其提供国际运输业务服务。

第二条：双方的权利与义务

2.1 甲方权利与义务

2.1.1 甲方确保其所发放货物的合法性，且外包装完好无损；

2.1.2 甲方应向乙方提供准确、真实、有效的运输资料，根据进出口合同的要求，按时提供委托报关所需的全套单据，作到单证内容准确，单、单相符，单货一致，遇有特殊合同需有特殊合同要求说明。

2.1.3 甲方需要乙方提供运输服务时，应以书面形式明确告知乙方以下内容：

货物的名称、重量、体积、件数；

货物的起运地、收货地址及甲方发货人员的名称、联系电话；

货物的提货地址、提货时间、卸货地点；

收货单位的名称、地址、电话、邮政编码、联系人的详细资料。

乙方原则上不接受电话报单，若甲方有特殊紧急情况下不能书面报单，可预先电话报单，并在候补书面报单上注明。

2.1.4 甲方应在约定的装箱仓库按约定的时间提供符合合同要求的出口货物以备乙方装运，同时提供准确的装箱地址和相关资料。

2.1.5 保证货物质量，包装符合相应运输要求。

2.1.6 如因单据不全、单货不符、货物不齐等原因造成的清关延误、退载等损失由甲方承担。

2.1.7 甲方按照协议规定的时间和价格，向乙方支付所有费用（费用支付）。

2.2 乙方的权利与义务

2.2.1 乙方根据甲方的工作指令为甲方提供提货仓储、报关及公路等物流运输服务。

2.2.2 根据甲方委托及时完成报关、订舱、运输等工作，随时与甲方保持信息沟通，密切合作，使运输顺利完成。

2.2.3 如遇报关单证不全，单货不符，包装不符合海关规定等情况，应及时通报甲方协调解决，货物装运后书面通知甲方相关离站时间、达到时间、提单号、提单日期等资料。

图［3-41］

学生可以通过查看系统提供的资料填写图［3-41］的委托书。

2.3.1.2 订舱

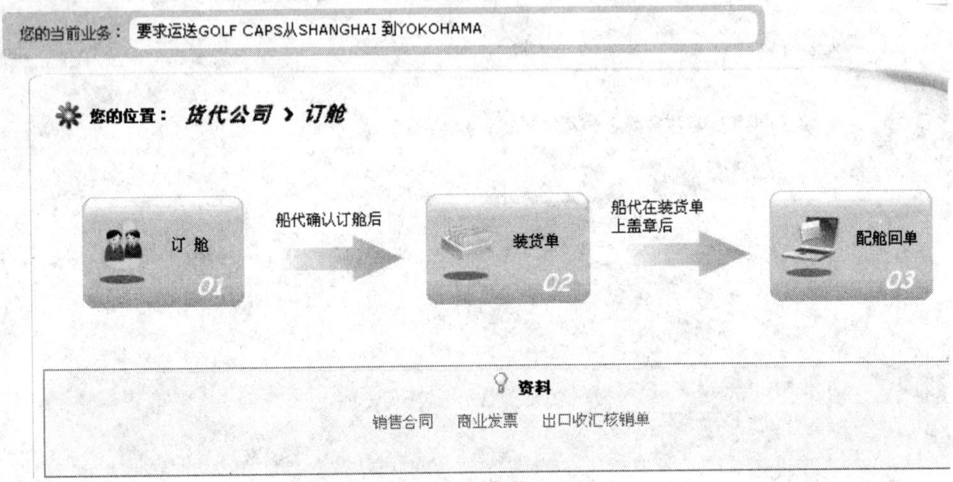

图［3-42］

订舱模块包含订舱、装货单、配舱回单三个子模块。见图［3-42］。系统提供的资料是指当前业务的信息，只有选择了当前业务，才可以查看资料。

2.3.1.2.1 订舱

点击订舱模块按钮，弹出集装箱货物托运单，见图［3-43］。学生根据系统提供的资料填写相应的项目，点击“提交”即可。

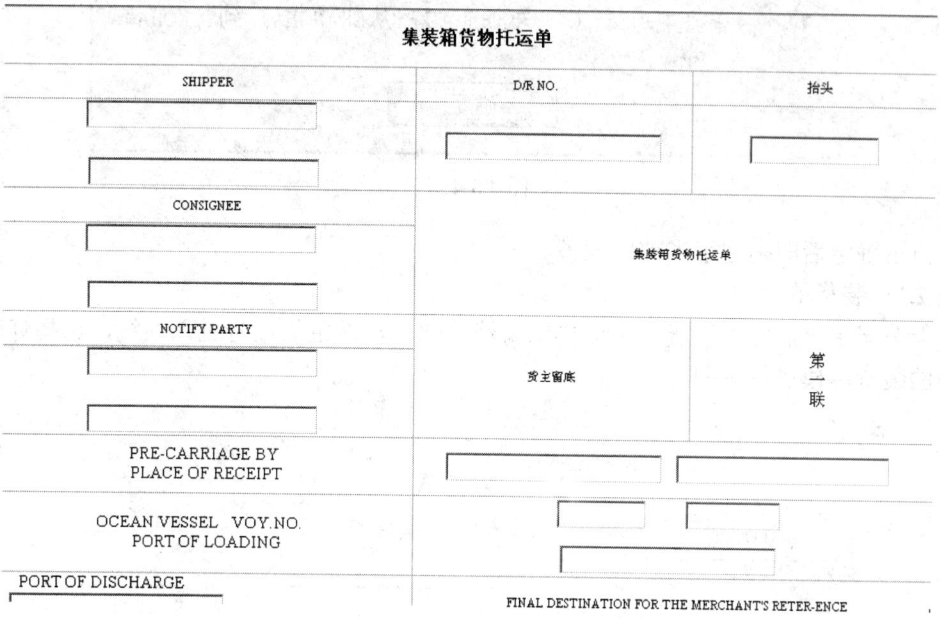

图［3-43］

由于系统设置每组 2 人，货代公司提交集装箱货物托运单后，由船公司审核后方可装货。

下面我们以船公司的身份进入系统，在教师端的组管理列表中记录了该学生的组成员（船公司）。见图［3-44］。

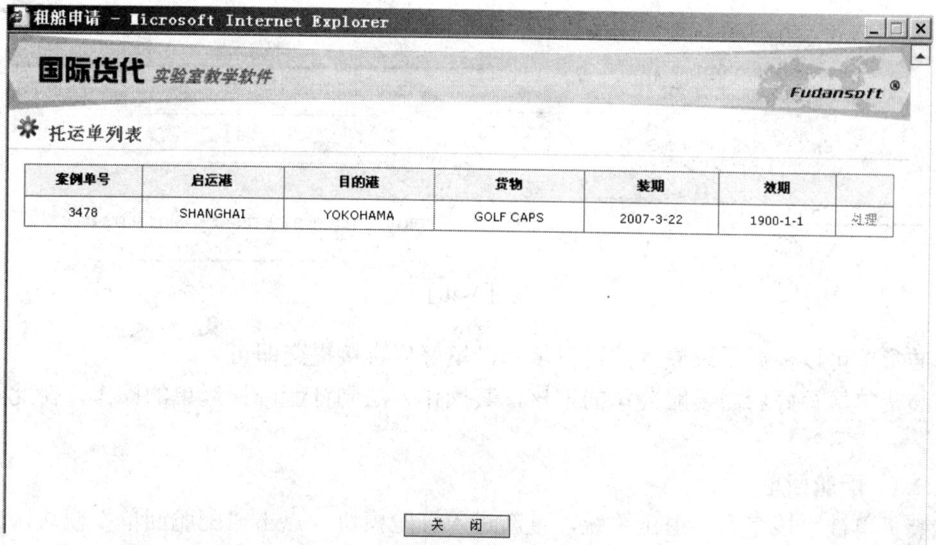

图［3-44］

点击“处理”弹出如下窗口，见图［3-45］。

图［3-45］

点击确定后即确定了当前的业务。

2.3.1.2.2 装货单

船公司审核后即可装货。下面再以扮演货代公司学生的账号进入系统，选择订舱模块中的装货单模块，见图［3-36］。

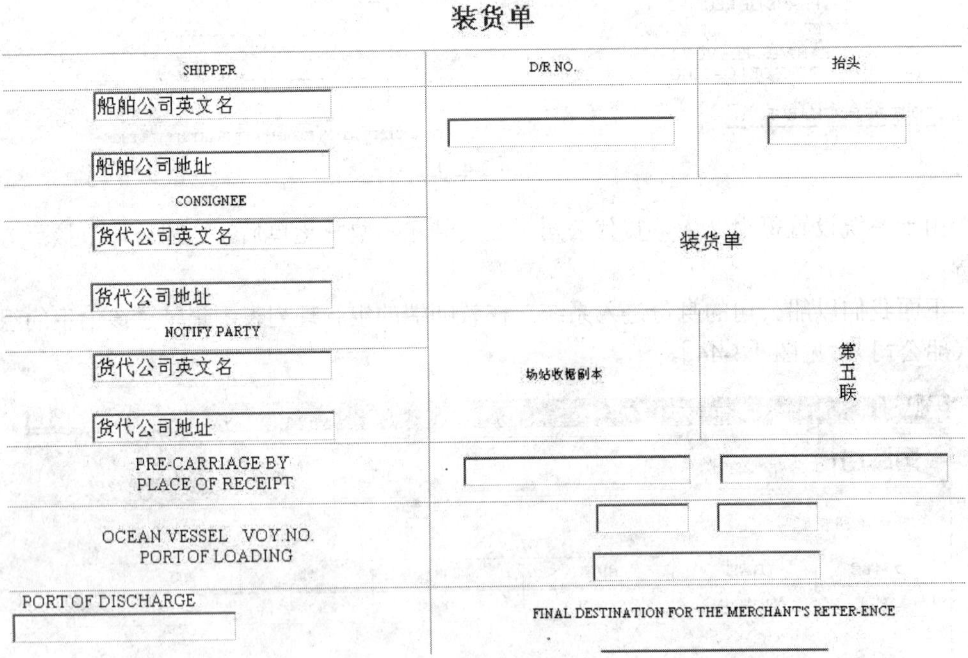

图［3-46］

装货单可以根据系统提供的资料填写，填好后直接提交即可。

装货单填写好后需要船公司的审核，其操作方法同订舱中托运单的操作，在此不再赘述。

2.3.1.2.3 配舱回单

装货单被审核完后，退出系统，重新进入订舱模块，点击“配舱回单”模块，出现图［3-47］：

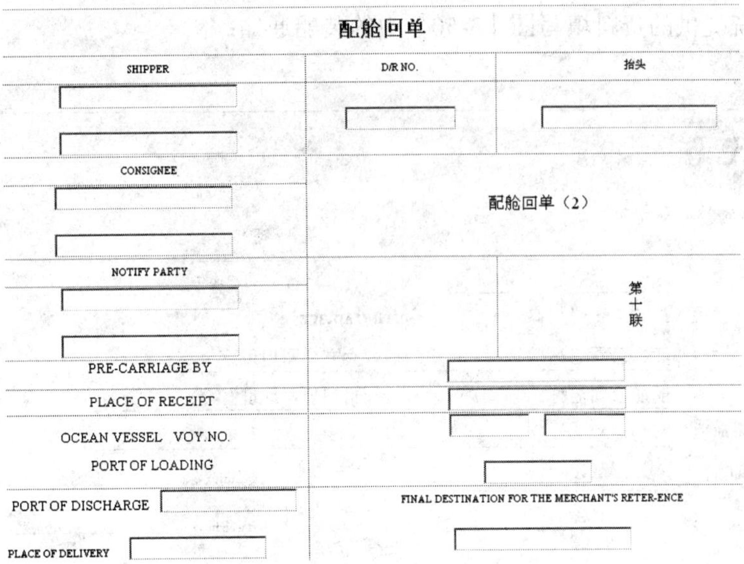

图［3-47］

填写相应的信息，点击“提交”即等待船公司的装船通知。

以同组成员的账号进入系统，选择船公司的身份进入，见图［3-48］。

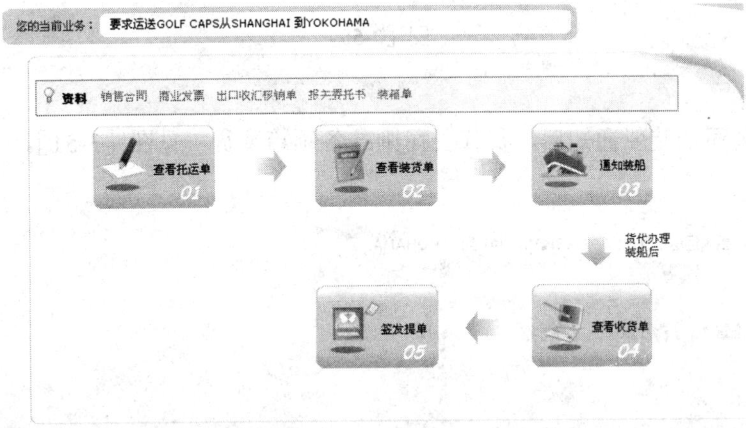

图［3-48］

注意，先要从查看托运单列表中选择当前的业务，然后点击“通知装船”，见图［3-48］。否则有如下图［3-49］提示：

图［3-49］

根据系统提供的资料填写图［3-50］中的装船通知：

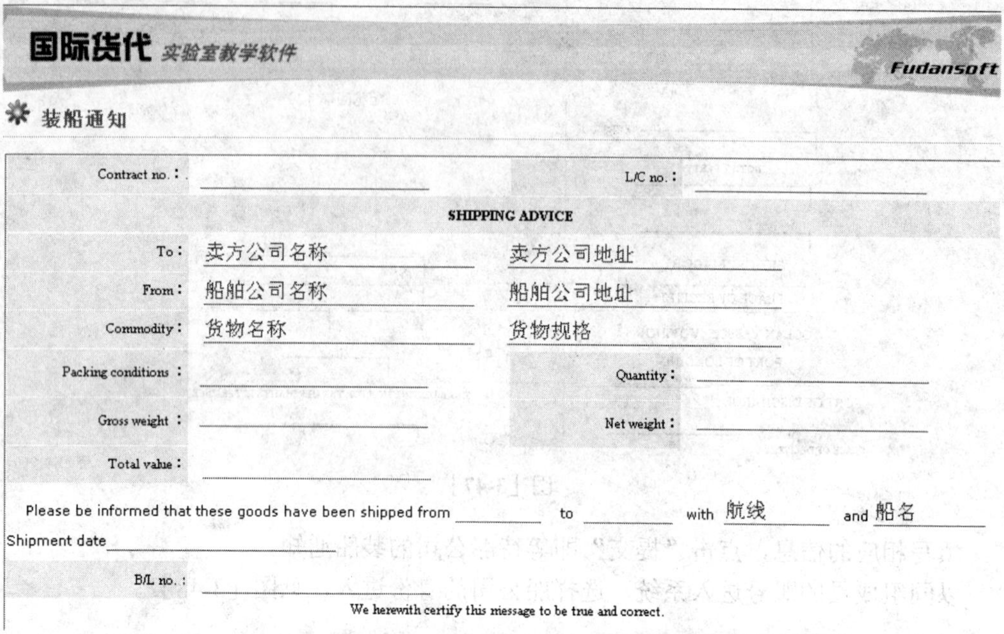
国际货代 实验室教学软件 Fudansoft

装船通知

Contract no.：　　L/C no.：

SHIPPING ADVICE

To：卖方公司名称　卖方公司地址

From：船舶公司名称　船舶公司地址

Commodity：货物名称　货物规格

Packing conditions：　　Quantity：

Gross weight：　　Net weight：

Total value：

Please be informed that these goods have been shipped from ______ to ______ with 航线 and 船名

Shipment date

B/L no.：

We herewith certify this message to be true and correct.

图［3-50］

2.3.1.3 装箱

接到船公司的装船通知后，货代公司则准备领箱装货。见图［3-51］。

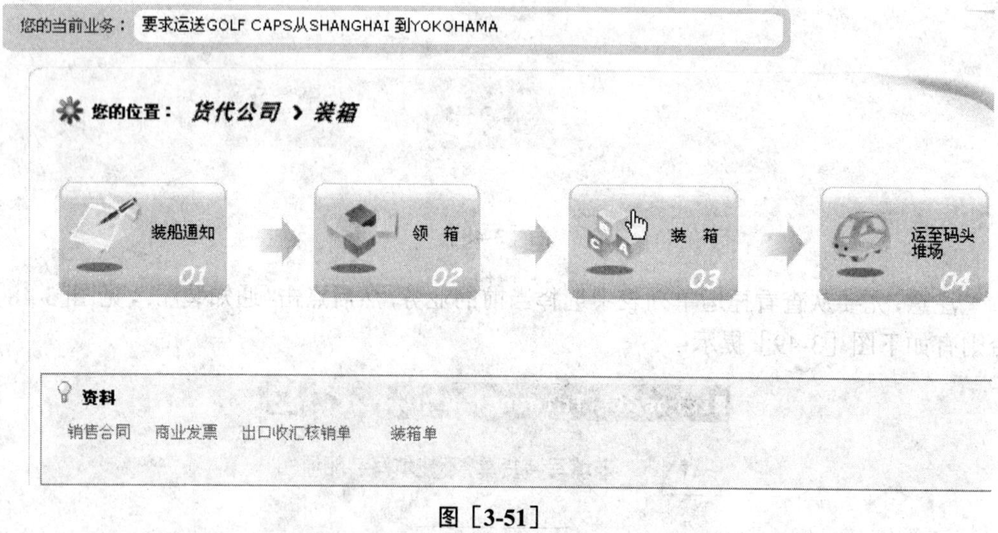

图［3-51］

2.3.1.3.1 领箱

领箱模块中需要填写设备交接单，见图［3-52］。

设备交接单

OUT 出场

集装箱发放/设备交接单

EQUIPMENT INTERCHANGE RECEIPT

NO.

用箱人/运箱人（CONTAINER USER/HAULIER）	提箱地点（PLACE OF DELIVERY）
发往地点（DELIVERED TO）	返回/收箱地点(PLACE OF RETURN)

船名/航次（VESSEL/VOYZGE NO.）	集装箱号（CONTAINER NO.）	尺寸/类型（SIZE/TYPE）	营运人（CNTR.OPTR.）
提单号（B/L NO.）	铅封号（SEAL NO.）	免费期限（FREE TIME PERIOD）	运载工具牌号（TRUCK，WAGON，BARGE NO.）
		（到多少号）	

图［3-52］

2.3.1.3.2　装箱

填好领箱模块中的设备交接单后，准备给货物装箱。见图［3-53］。

上海前晋贸易有限公司

SHANGHAI QIANJIN CO., LTD

ROOM 2001,NO 1999 , WEST NANJING ROAD , SHANGHAI,CHINA

TEL: 021-64278549 021-64278550 FAX: 021-64278550

PACKING LIST

To:	EAST AGENT COMPANY 3-72,OHTAMACHI,NAKA-KU,YOKOHAMA,JAPAN231	**Invoice No.:**	2003SDT009
		Invoice Date:	2006-08-12
		S/C No.:	03TG28711
		S/C Date:	2006-07-22
From:	SHANGHAI	**To:**	YOKOHAMA
Letter of Credit No.:	LTR0505457	**Date of Shipment:**	2006-07-27

CIF YOKOHAMA, JAPAN

Marks and Numbers	**Number and kind of package** **Description of goods**	**Quantity**	**Package**	**G.W**	**N.W**	**Meas.**
V.H LAS PLAMS C/NO.	CARTON H6-59940BS GOLF CAPS	1800 DOZS	240 CARTONS	19KGS	17KGS	21.583 CBM
	TOTAL:	1800 DOZS	240 CARTONS	19KGS	17KGS	21.583 CBM
SAY TOTAL:	**TWO HUNDRED AND FOURTY CARTONS ONLY**					

图［3-53］

2.3.1.3.3 运至码头堆场

货物装好箱后接下来就要运到码头。这时需要填写一份场站收据，学生可根据系统提供的信息填写图［3-54］中的内容：

场站收据

SHIPPER	D/R NO.	抬头
卖方公司名 卖方公司地址		买方公司名
CONSIGNEE 买方公司名 买方公司地址	场站收据	
NOTIFY PARTY 买方公司名 买方公司地址	DOCK RECEIPT	第七联
PRE-CARRIAGE BY PLACE OF RECEIPT		
OCEAN VESSEL VOY.NO. PORT OF LOADING		
PORT OF DISCHARGE	FINAL DESTINATION FOR THE MERCHANT'S RETER-ENCE	

图［3-54］

2.3.1.4 报关

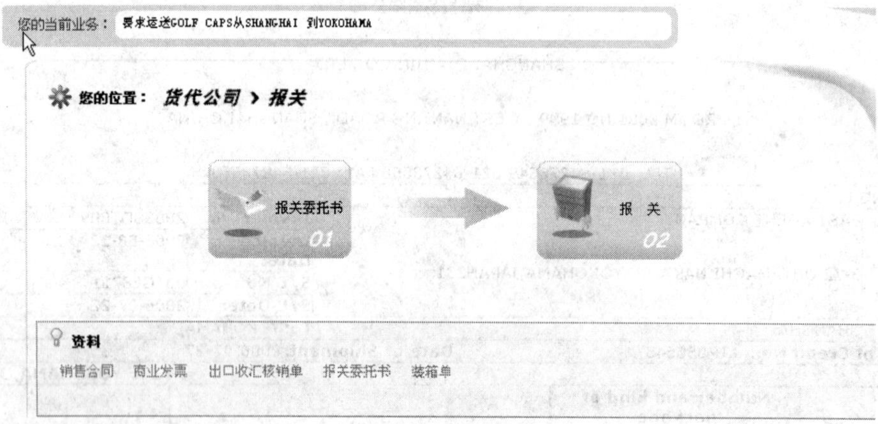

图［3-55］

2.3.1.4.1 报关委托书

如果一家公司不能自主报关的话，就必须找合适的报关行代理自己公司报关，出具一个委托书给他们，由他们提交给海关，以此证明他们是受这家公司委托的，见图[3-55]。全国海关现在通用的代理报关委托书是一式三联的，需要到海关购买。

2.3.1.4.2 报关

报关是指进出境运输工具负责人、进出口货物收发货人、进出境物品的所有人或者他们的代理人向海关办理运输工具、货物、物品进出境手续及相关手续的全过程。

中华人民共和国海关出口货物报关单

预录人编号：	7082545008	海关编号：	7082545008		
出口口岸：		备案号：	70408323	出口日期：	1900年1月1日
申报日期：	1900年1月1日				
经营单位：		运输方式：	海运	运输工具：	
提运单号：					
发货单位：		贸易方式：	一般	征免性质：	一般性征税
结汇方式：	信用证				
许可证号：		运抵国：		运抵港口：	
境内货源地：					
批准文号：	70225050532	成交方式：	FOB	运费：	0
保费：	0				
合同协议号：		件数：	0	包装种类：	
毛重：	1.401298E-45	净重：	1.401298E-45		
集装箱号：				生产厂家：	

图［3-56］

学生可以通过系统提供的信息填写这份报关单。见图［3-56］。

2.3.1.5　保险

保险条款是国际货物买卖合同的重要组成部分之一，它涉及买卖双方的利益。一般来说，保险条款所涉及的内容有保险金额、投保险别、保险费、保险单证和保险适用条款等。点击“保险”按钮，根据系统提供的资料填写保险投保单。见图［3-57］。

PICC 中国人民财产保险股份有限公司

Property and Casualty Company limited

地址：　　　　邮编：

ADD：

电话(TEL)：　　　　传真(FAX)：

货物运输保险投保单

APPLICATION FORM FOR CARGO TRANSPORTATION INSURANE

被保险人：

发票号(INVOICE NO.)：

合同号(CONTRACT NO.)：

信用证号(L/C NO.)：

发票金额(INVOICE AMORNT)：0　　　投保加成(PLUS)：0 %

兹有下列物品向中国人民保险公司上海市分公司投保。(INSURANCE IS REQUIRED ON THE FOLLOWING COMMODITTES：)

标记 MARKS & NOS.	包装及数量 QUANTTTY	保险货物项目 DESCRIPTION OF GOODS	保险金额 AMOUNT INSURED

图［3-57］

2.3.1.6 装船

装船模块是由装船和换领提单两个子模块组成。见图［3-58］。

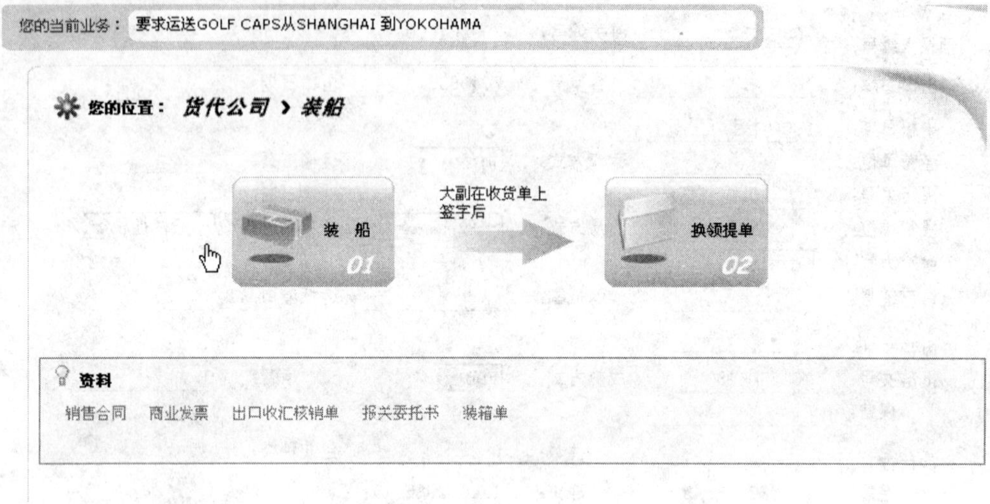

图［3-58］

2.3.1.6.1 装船

在装船之前，货代公司应填写一份收货单，见图［3-59］。

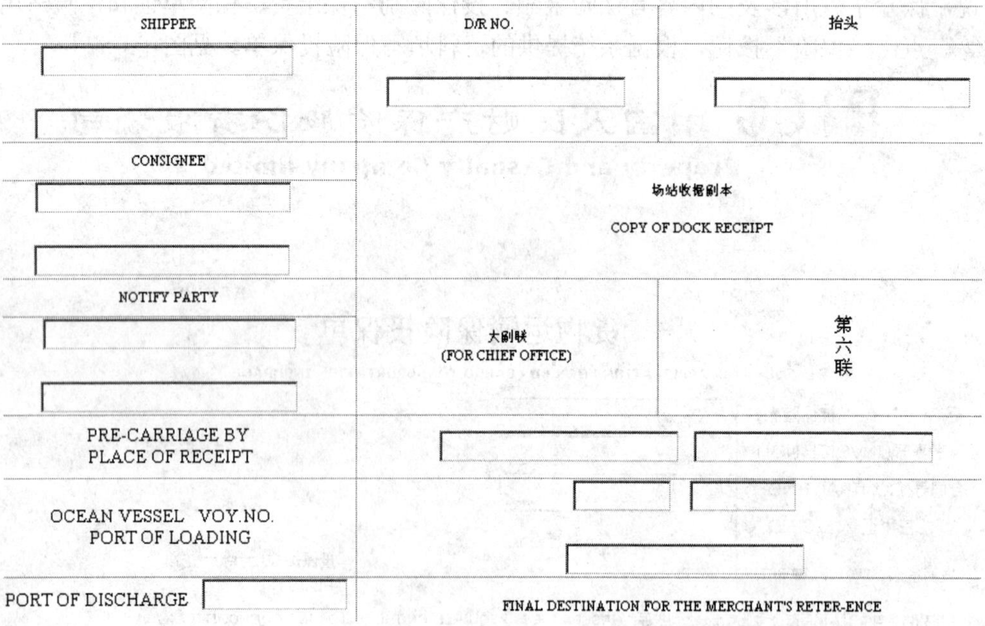
收货单

SHIPPER	D/R NO.	抬头
CONSIGNEE	场站收据副本 COPY OF DOCK RECEIPT	
NOTIFY PARTY	大副联 (FOR CHIEF OFFICE)	第六联
PRE-CARRIAGE BY PLACE OF RECEIPT		
OCEAN VESSEL VOY.NO. PORT OF LOADING		
PORT OF DISCHARGE	FINAL DESTINATION FOR THE MERCHANT'S RETER-ENCE	

图［3-59］

收货单填写好后需要船公司的签字，下面以船公司的身份登录系统，见图［3-60］。

图［3-60］

在查看收货单之前，应先查看托运单，选择一项业务。然后船公司确认收货单。否则出现如图［3-61］的提示：

图［3-61］

船公司签定收货单后，需要签发提交单。点击“签发提单”按钮，出现如图［3-62］所示页面：

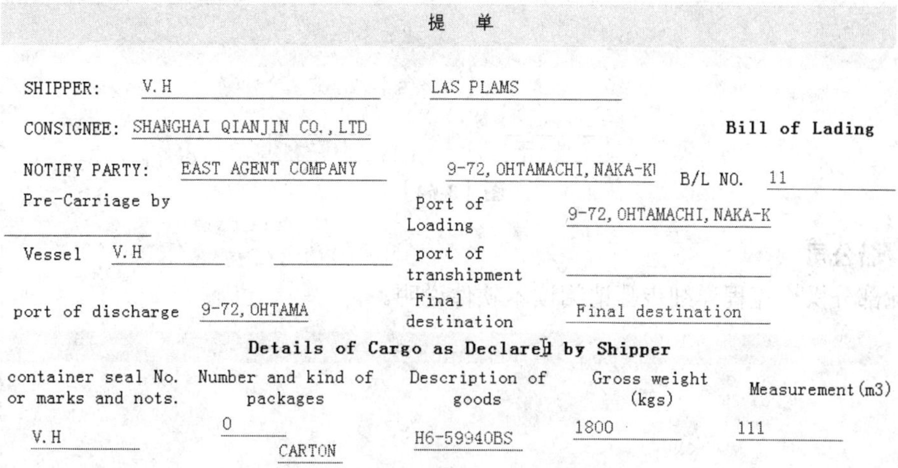
提　单

SHIPPER: V.H　LAS PLAMS

CONSIGNEE: SHANGHAI QIANJIN CO.,LTD　**Bill of Lading**

NOTIFY PARTY: EAST AGENT COMPANY　9-72,OHTAMACHI,NAKA-KI　B/L NO. 11

Pre-Carriage by　Port of Loading 9-72,OHTAMACHI,NAKA-K

Vessel V.H　port of transhipment

port of discharge 9-72,OHTAMA　Final destination　Final destination

Details of Cargo as Declared by Shipper

container seal No. or marks and nots.	Number and kind of packages	Description of goods	Gross weight (kgs)	Measurement(m3)
V.H	0 CARTON	H6-59940BS	1800	111

图［3-62］

学生根据系统提供的信息填写该提单。

2.3.1.6.2 换领提单

点击“换领提单”按钮，显示船公司提交的提单。见图［3-63］。

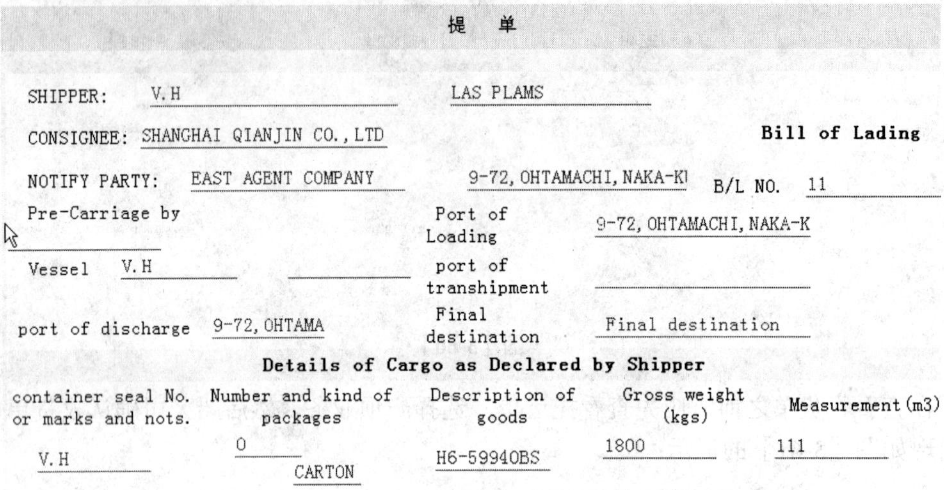
提 单

SHIPPER: V.H LAS PLAMS

CONSIGNEE: SHANGHAI QIANJIN CO.,LTD

Bill of Lading

NOTIFY PARTY: EAST AGENT COMPANY 9-72,OHTAMACHI,NAKA-KI

B/L NO. 11

Pre-Carriage by

Port of Loading 9-72,OHTAMACHI,NAKA-K

Vessel V.H

port of transhipment

port of discharge 9-72,OHTAMA

Final destination Final destination

Details of Cargo as Declared by Shipper

container seal No. or marks and nots.	Number and kind of packages	Description of goods	Gross weight (kgs)	Measurement(m3)
V.H	0 CARTON	H6-59940BS	1800	111

图［3-63］

2.3.1.7 费用结算

费用结算是对整个流程的各种费用的总结。见图［3-64］。

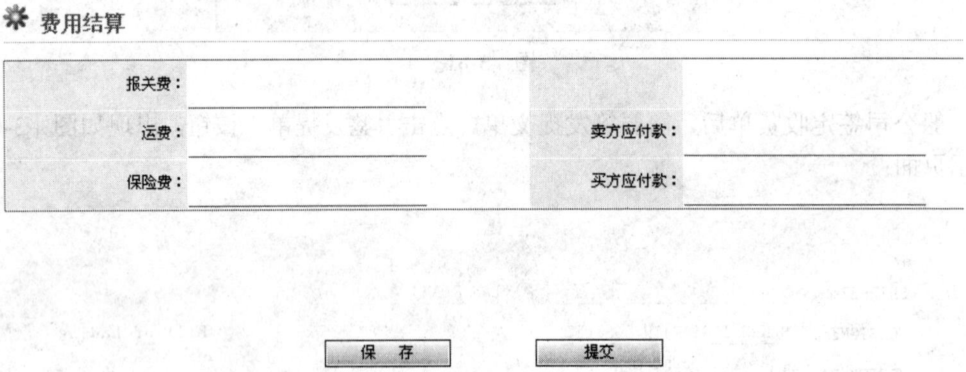

图［3-64］

2.3.2 船公司

此部分操作流程详细步骤请阅读本软件说明。

责任编辑：王红梅 闫 静
责任印制：陈治龙
封面设计：ZTSA ZHONGTONGSHIAO 中通世奥图文设计 白 萍

国际贸易综合实训

GUOJI MAOYI ZONGHE SHIXUN

ISBN 978-7-5663-1130-6
9 787566 311306 >
定价：34.00元

Daxuesheng Xinli Jiankang Jiaoyu Jiaocheng

大学生心理健康教育教程

王丽焕 张录全 肖建伟 主编

对外经济贸易大学出版社
University of International Business and Economics Press